謹以此書獻給我摯愛的父母，以及來不及說再見的四百六十二位天使，
是您們，讓我有堅持下去的理由。

小林人　蔡松諭

小林村的這些人那些事

不能被遺忘的美好村落

蔡松諭 著

推薦序

小林村因愛而重建

這是一本因著血與淚而完成的書。

二〇〇九年八月八日連續三天的大雨，土石吞噬了小林村，近五百位同胞一夜之間與我們永別，這是兩千三百萬人共同的傷口，這樣的傷口可能慢慢癒合，但失去親人與家園的倖存者，要彌合的遠超過心上的傷。

小時候因參加童子軍活動認識了一位住在甲仙的姐姐，我好奇，所以搭車到甲仙找禎姐，那時的高雄往山區走都是困難的，從鳳山到甲仙，我搖搖擺擺地坐了約三個小時的公車，到了甲仙總站，還必須再轉公車，那公車全程行駛在一路蜿蜒的山路上，往窗外看就是峭壁，司機卻開得飛快，車上乘客習以為常，一袋袋的食物說明他們必須搭這飛快的公車才能來回市鎮間採購生活必需品。

禎姐的母親是盡其所能的準備了一桌菜，只為了我這個從都市來的嬌客，後來長大後，才能體會這樣的熱情多麼罕見。

我在國中時的這段歷程讓我對甲仙印象深刻。那是盛產芋頭的地方，那是人與人見了面都認識能話家常的地方，那是偏鄉，進出都不方便的偏鄉。

台灣夏有颱風，西南氣流，冬有乾旱，地震又不時侵擾，本就是多災的地方，災難留下來的常常只是當下的新聞，大家只希望能儘快重建，彷彿只要蓋好了房子，一切就能回到原點。

松諭這本書讓我們知道，被大地無情掩沒的不只是親人，不只是房子，還有回憶，親人無法死而復生，但重建工程必須完成的是家與回憶。

第一次與松諭見面是因為共同的好友，傅培梅公益信託諮詢委員會執行長潘秉新，八八風災已從人們記憶中淡忘，松諭還在努力為倖存的村民找尋留在村裡的生計模式，秉新與廚藝界熟悉，認真為小林村與廚藝界搭橋。那時的松諭已不是風災初期抗議要真相的重建會會長。從書裡不難發現，那時的重建會蠟燭多頭燒，要為村民們找工作機會，要爭取保留小林村的生活模式，要爭取國賠。

這些路沒有教科書，沒有任何人的經驗可以帶領。

所以這些紀錄是重要的。

當松諭將小林村風災前的人與事記錄下來，回憶才不會隨著小林村沉沒在土石裡；當松諭把救災期間災民的無助記錄下來，我們才能理解，面對天災人們需要做的更多；當松諭把爭取重建屋的過程說明清楚，我們才能思索，愛心不是單純的給予，更需要理解，理解真實的需要是什麼。

書寫這樣的一本書不容易，大家可以想像，每一字都要和著淚才能完成。但這一字一淚才讓小林村真正重建，不只是房子，也是家，也是情感，也是回憶。

陳鳳馨

News98 財經起床號 節目主持人

作者序

請聽我說，關於小林村的那些美好

會起心動念寫下這本書，跟我的女兒、家裡這兩隻調皮搗蛋的小寶貝有關，而下定決心一定要把這本書在今年八月八日十週年前寫出來，則是因為三月初突然來報到的老三，我想跟孩子們說：「希望你們長大後，能更了解爸比小時候的故事，以及，那一年我跟你媽一起經歷了什麼挑戰。」

我一直很遺憾，小林村是用這種方式讓大家認識，一種近乎告別式的壯烈，注定了未來五十年她會是一個災難的圖騰，永難抹去。

但我所熟悉的小林村，又是那麼的充滿人情味，那得天獨厚的地理環境，造就了一個冬暖夏涼、全村沒有一台冷氣的美好村落，可惜的是，來不及給大家看到，她已倏忽地從歷史的舞台謝幕，徒留人間無限惆悵。

幾年來，陸續都有熱心的朋友介紹出版社，跟我討論出書事宜，我都選擇微笑以對，回覆說：「好，我再想想。」其實我心裡沒說出的答案是：「你們一定不了解，每一個小林人對小林村的感情有多豐沛，豐富到，我根本不知從何說起，濃烈到，開口講的每個字都會讓人窒息、眼淚不停地落，這些情感與眼淚，我如何奢求外人能懂，沒有別人的筆，能代替小林人說出對天上四百六十二位至親這些，來不及說出的愛……」

重建第八年時，我決定離開了創辦的社會企業，試著暫時讓從二〇〇九年八月起不停旋轉的人生停止一下，找回內心最簡單的自我及初衷。

是一張略有破損的老照片意外勾起我的無盡回憶，這是一張熟悉的不能再熟悉的泛黃照片，父親長年一直放在小林商店裡的那張辦公桌上，壓在厚厚的玻璃下，照片拍攝於民國五十三年，是阿爸抱著四個孩子，背後是斗大的「小林商店」四個字，我突然間想起了當我還是個孩子的時候，父親與「小林商店」是如何的保護呵護著我長大，以及父親當年在十四歲時，是如何勇敢的一個人渡海來台，過了多年無家可歸的日子後，最後在小林村落腳。

原來，這麼多年過去，在乎的不是自己做了什麼、付出了什麼或得到了什麼，最終魂牽夢縈的，還是在小林村的這些人那些事，過去是這些故事滋養我，現在是這些故事療癒我。

還要寫下的，是那一年小林遊子如何在異鄉獲悉家鄉一夕生變，紛紛從外地趕回，從不敢相信到崩潰，從流淚到挽起袖子，從一個個失去家人，變成一個「小林大家庭」的過程，從而勇於面對當時政府求快的重建政策、對國際級的慈善團體勇敢說不，終於在週年時，獲得了總統承諾，扭轉了既定政策的方向。

最後，小林村要感謝的人很多，我將這份感謝放在書的最後，希望您們能看的見，不慎遺漏或自始至終不知姓名的貴人也請多包涵，若有緣讓您看見這本書，也請與我聯絡，讓我為您補上，這一份感謝。

感謝我的家人一路支持，岳父母願意把這麼好的女兒嫁給我，沒有我太太一路的支持，我不可能走到這裡，謝謝妳，我最親愛的老婆。

多年後回想才明瞭，原來這些之於我的「小林人性格」，竟是在我的孩提時期便悄悄地進入我的血液，成為我人生中最重要的一部分。所謂的「小林人性格」，是樂觀，是幽默，更是一種打不倒的豁達。而這，可能也是之所以在經過十年後，我還在這裡的原因。

謹以此書，獻給所有深愛小林村的小林人，以及，一直在天上守護著我們的四百六十二位天使。希望透過這本書讓更多人認識真正的小林村，並且愛上這個，您來不及認識的美好村落。

蔡松諭

目錄

第二章

惡水降臨，小林村就這樣消失了

第三章

重建小林，找回記憶中的村落

第四章

沒有說完的故事

第五章

感謝與陪伴

第一章

小林村，有著愛與包容的山中部落

一座在山裡的美麗社區，曾經只有徒步能到的山中部落，
有著照顧全村生活所需的小林商店，
有著來自各地在此落地生根的人們，和平埔族人一起生活著。
這些，是所有小林人的記憶，
現在，只能是回憶。

故事的起源，我生命的起點

小林人的共同記憶——小林商店

這是我的成長記憶，也是我放下一切返鄉重建的動機，更是父母從一無所有到地方首富進而回饋鄉里、入籍為番的故事，這是小林商店的故事，也是我想説給你們聽，關於小林村的眾多美好之一。那一切的美好，從沒有一天，在記憶中消逝。

以前不會，以後也不會，因為，我正在寫下小林村的美好故事……。

五連棟建築，包山包海的超級商店

那是一間擁有五間連棟店面的商店，與其稱它為商店，不如稱它為商號或貿易商更為貼切，因為除了日常雜貨的買賣外，營業項目還包含了農產品加工批發、水果種植、養殖業（漁業）、畜牧業（養豬）、生鮮業、不動產（土地買賣與房屋）、旅館業務，甚至也是電信局（中華電信前身）與台電、郵局在地配合的唯一代收付業者。

現在想來，我對於創業的種種想像，其實有大半源自於父親的基因吧！

這五間店面中最左側這棟的一樓，是小林大旅社旅客的出入口，二樓則是衛浴盥洗空間與二間客房，三樓則共有五個房間。小林大旅社一共提供八個客房，五棟透天建物的後方，還有也是提供出租、以長租為主的五間土角厝，二齒伯就是住這裡。

最右邊的二棟則是雜貨店的店面，第三棟則是多功能用途為主。早期曾經營過冰菓室，後來一度放了一台榨甘蔗汁機，還記得第一次榨甘蔗汁時，我跟村內許多孩子眼睛都瞪得大大的，想說有甘蔗汁喝的話，以後嘴巴就不用啃得這麼累了！第四棟則是放農產品的臨時倉庫，其他較大量的農產品則放在小林國小對面的專用倉庫裡，這一間店面也是後來免費提供給二齒伯做包子並且販售的場所。

雜貨店本鋪的店面大約有三十幾坪大小，二間店面是打通的，裡面擺滿了老式的木櫃櫥窗，推拉式的木門朝內，玻璃櫥窗那面朝外，方便顧客看貨、店家取貨，這類老舊的營業用櫥櫃，至今還可以在部分傳統柑仔店中看到，對我，格外有一種親切感。

應有盡有，供應生活所需的店鋪

店裡另外也擺放了幾組開放式貨架，記得早期也是木製的，後來因木櫃逐漸老舊才換成鐵架，以食品類商品為主，方便客人直接拿取後結帳。雜貨店後面則另外建有一個貨品專用的倉庫，也是小時候最愛跟同學玩抓迷藏的地方，這裏應該至少有三十幾坪大吧！這裏有很多大型紙箱，大到小朋友可以完全躲進去而不被發現，所以上小學前最愛跟朋友在這裡玩躲貓貓。

二間店面的正中間則是媽媽坐陣的收銀區，是用傳統辦公桌三張拼起來的，第一張桌子上面放收銀機，顧店的時候就是坐在這裏。第二張桌子上面則另有一組玻璃櫥櫃，上面擺滿各式香菸，尤其是一組八塊錢的「新樂園」，讓我最是印象深刻。很多老人家最愛這個味道，尤其是隔壁家的阿嬤，從我小時候買到我大學畢業。天天抽，但身體可是硬朗得很，八十幾歲都還能下田工作，八八風災發生的這年應該也有九十幾歲了，如果沒有這場風災，成為百歲人瑞應該不成問題。

第三張辦公桌則是專門代收電信、電費與水費，還有辦理收發包裹、掛號信（郵務）的專用桌。小時候的我可是收費高手，常自己計算收完一組費用所需的時間有多快，尤其是全村都來繳電話費時，還真的忙不過來，不快不行哦！

小林村的首支電話，串起無限思念

對了，這張桌面上面還有一支很特別的電話，這是村子第一支電話，號碼非常好記，就是07-6161-000，也是小林村天字第一號的電話號碼，也是我這輩子第一個背起來的電話號碼。

當時就是這支電話專門提供給家中沒有電話的小林人打電話回家用的，在外地的親人會先撥電話進來，確定要找的人以後，請他稍後再打。我們家則要負責廣播，村子裡的「放送頭」就是我家架設的，所以很早我就要學著廣播，內容往往是：「山上的阿來嬸啊！妳的兒子打電話來找妳，請妳緊下來等電話，十分鐘後會再打來哦～～」這可能也是我不怕上台講話的原因之一。

我們會請被找的這位村民盡快來聽電話，親友會過幾分鐘再打來，所以，常常有人氣喘吁吁地跑來，一邊講話還一邊在喘！或是有時對方忘了時間或臨時有事，等不到電話的人就開始跟我媽聊天，聊在外地工作的小孩最近怎樣好不好啊？何時會回來一趟啊……之類的話題。因為那時小林村年輕人為了生計多往阿里山、梨山做長期僱工，幫忙種水果、茶葉等等，所以一年之中回小林的次數寥寥可數，其中也包含了我同學的父母。現在想來，話筒的兩端，也參雜著很多的思念與鄉愁，有時看我同學講完電話也是眼眶紅紅的……。

那時我只知道廣播，長大後到外地念書，才稍微懂這種離別與思念的因果，而真正懂，卻是在八八風災之後了。

小林商店，是我父母親一生的奮鬥史，也是我的童年與成長、更是我們這一代小林人共同的記憶，雖然它已隨八八風災與全村親友一同埋葬，但我相信，他們創業的精神與善良，將永遠不被世人遺忘，我相信。

由大哥掌鏡，約民國六十年初期，從獻肚山俯瞰小林村。
圖片提供／蔡松林

阿卿，隻身渡海來台的十四歲少年郎

小林村的首善之富——小林商店的頭家

他叫阿卿，廣東揭陽人，他，是我的父親，渡海來台那一年，只有十四歲。

由於來自異地，總說著一口帶有潮汕腔的台語，

多年以後，他的口音還常被老一輩的小林人拿來開玩笑。

十四歲對我們這個世代的孩子而言，只是名國二升國三的學生，

但他卻必須離開家鄉，一個人來到台灣，開始他意想不到的人生。

但父親完全猜不到的，應該是這一次的離鄉打拚，

回家的這段路，竟然需要再等上四十年。

我常想，當年父親想必是用一種很克難的方式來到了台灣，心裡想著：「好好打拚幾年後就能夠衣錦還鄉，讓母親跟弟妹過上好日子。」雖然那時只有十四歲，但在那個戰亂頻仍的大時代，這樣的勇敢或許並不少見，畢竟在那個年代，想辦法吃飽活下去應該是最重要的事吧！

他離開母親懷抱的這一年是民國三十六年（西元一九四七年），兩年後，當年的國民政府丟掉了江山，後世稱「大陸淪陷」，長大後聽見另一種說法是「解放大陸」，但不管是哪種說法，橫在眼前的事實是，十六歲的阿卿從此無法回到其實不算遠的家鄉——廣東揭陽縣（汕頭市附近），再回到故鄉已經是民國七十六年，足足隔了四十年，足以讓一個十四歲的少年，成為六個孩子的父親與有四個孫子的爺爺。

四處打工，身兼多職只為糊口

那年父親一個人到台灣後，四處尋找著可能的工作機會，因為必須工作才能餬口，也才能有一口飯吃，身上沒有錢，在台灣也沒有任何親人可以依靠的小孩能幹嘛呢？

於是，他做過數不清的工作，最常聽他說的莫過於趕鴨子、噴農藥，還有挑夫了。先是在新竹找到了一份趕鴨子的工作，但這份工作可不是像電影《養鴨人家》演的那樣愜意，不只是單純在鴨子寮內趕鴨子，也不是從村子頭趕到村子尾，而是必須把整群鴨子從新竹趕到彰化，為的只是能讓鴨子沿途吃著農民採收後，田邊剩下的稻穗或稻梗，節省當時昂貴的飼料費用。

於是他只能不停地走，累了就在田邊稍作休息，晚上就在當地挑一間願意收容的小廟，或者台灣鄉下普遍都有的土地公廟睡一覺，而小腿還因為長時間泡在水跟泥巴裡，所以經常罹患皮膚病而潰爛。

這樣艱辛的工作卻也僅能餬口而已。

後來，趕鴨的日子不知過了多久，父親一路從新竹、彰化，最後輾轉來到了高雄的甲仙埔（現今甲仙區），再度做起了乏人問津的工作，這次是噴灑農藥ＤＤＴ。據說這是一種現在禁用但當年很普遍，毒性極強的農藥，噴灑的時候味道是其臭無比，所以農家自己都不願意噴，而是會找缺錢、缺工作的年輕人來做，所以噴農藥就成了他在甲仙的第一份工作。

但畢竟農藥不必天天噴，於是他在不噴灑農藥的日子裏，找到了另一份工作——挑夫。

因勤奮而結識了生命中的貴人

挑夫，簡單講就是用扁擔幫人挑貨，然後依貨物重量秤重付錢。因為當年台灣很多山區的道路都還尚未開墾，但卻已有不少聚落生活著，這些地方都只能徒步到達，甚至多數都要翻山越嶺、跋山涉水，例如當年的小林村，以及小林村再進去的那瑪夏鄉（舊稱三民鄉），也就是原住民布農族的傳統部落，都是只能靠步行到達的山區聚落，所以非常依賴最傳統的人力運輸，也就是挑夫的協助。

而父親最常應雇主要求，把貨從甲仙挑到小林村或者那瑪夏去。這兩段路在當時也是最辛苦的路線，因為必須翻山越嶺，或是冒險橫跨楠梓仙溪。雖然枯水期水不深，但稍有不甚就會跌落溪中，人沒事還好，就怕貨物掉落溪中，要是沒錢賠，還得做上一陣子的白工來賠償。

就這樣噴藥跟挑夫的工作輪替做著，需要噴藥的時候就噴藥，不噴藥的時後就幫忙挑貨，直到在小林村遇見生命的第一個貴人——多桑。他們的緣分很特別，還延續到了第二代。更重要的是，因為父親到了小林村，之後還到了大麵仔的雜貨店幫忙，才有了後來的「小林商店」。

頂下雜貨店，成為人生重要的轉機

大麵仔據說是個人很好的閩南人，原本在小林村開間小雜貨店，比父親年長幾歲，也有人說因為是同鄉而特別照顧他，但這個「同鄉」或許是指同樣來自他鄉，有同病相憐之感會比較貼近吧！

因為請父親幫忙挑過幾次貨，覺得這個年輕人老實也很「骨力」，後來乾脆就請他留在雜貨店幫忙，幫忙顧店也幫忙挑貨，彼此也有個照應。

不久後大麵仔因為娶了那瑪夏的原住民女孩，所以決定搬去那瑪夏再開一家雜貨店，於是就問了他是否有意思頂下雜貨店繼續經營，雖然小店賺不了什麼大錢，但日子也還過得去，也比四處打零工穩定。

父親想了想，小林村雖然偏僻，但這裏的人待我也都不錯，總也感覺跟這裏挺有緣的，或許小林村就是自己在台灣的開始，於是就答應了，決定把這家不起眼的雜貨店頂了下來，繼續經營。但沒想到的是，小林村這一待，居然就是六十多個年頭，從今往後，小林村成為比故鄉還故鄉的家。

大麵仔拍拍他的肩膀表示肯定，他相信眼前這位不滿二十歲的少年郎，肯定可以把這家雜貨店經營得比他還好。他也果然沒看走眼，但沒預料到的竟是，他居然可以靠著「骨力」、廣結善緣與商業眼光，跟母親一起，讓這家小小的雜貨店在日後全盛期時，成為需要六名店員、十幾名挑夫與十幾棟透天厝當倉庫與店面的「超級商店」，這也就是日後的「小林商店」。

這是我父親的故事，也是我童年的故事。

更是我想說給你聽，關於小林村，動人而有人情味的故事之一。

四十年後返鄉，帶回的唯一一張與奶奶的全家福，
應該只有五歲的父親站立於左前方。

阿薯，幫傭女孩的故事

小林村裡最溫柔的力量

母親有個很符合那個年代的名字，
相信是外公為了讓他女兒或全家，有個不虞匱乏、吃得飽的一生，
所以才將名字取自當時台灣外銷最多的經濟作物之一：樟木（樟腦油），
與最多窮人的食糧：番薯，取名為「樟薯」，
老一輩的小林人都習慣親暱地叫她「阿薯」（音同主）。
就如同她的名字一樣，母親為父親一生帶來了財富與全家的衣食無缺。

母親出生於民國二〇年代的台灣旗山，一個舊名「山仔下」的地方，那是一個種滿供外銷的香蕉以及旗山還有著火車站的繁華年代。不幸的是，外公因為戰亂而死於轟炸中，外婆不得已帶著她與阿姨四處搬家，期盼能換得下一餐的溫飽。

民國三〇年代初期，她剛滿十六歲，為了分擔家計，就到了旗山鎮上經濟條件較好的「先生」（老師）家裡幫傭與帶小孩，也在此結識了二位生命中最好的姊妹伴——秋錦與秀巒，巧合的是三人的年齡分別只差一歲，母親居長十六歲、秀巒十五歲，而最小的秋錦才年方十四歲。在那個年代正值荳蔻年華的三人，早已肩負家計，成為家中經濟來源。

三人因為年齡相仿，很快成為無話不談的好朋友，後來甚至效法古人的「義結金蘭」以姊妹互稱，給予彼此力量與支持，在那個困苦的年代，友誼無疑是支持成長過程與挫折重要的力量支持。

突如其來，來自遠方的媒妁之言

這一天下午，母親與兩位好姊妹揹著孩子在院子裡嬉鬧著，再過半個小時，就要進屋把米、菜洗好、切好等先生娘從學校回來，就可以下廚準備晚餐了。

但是，秋錦阿姨發現母親的神色不太自然，三姊妹裏個性最大方的秋錦直接開口問：

「啊妳是怎樣了？身體不爽快，還是家裏出什麼事情了？」

「唔啦，啊就……」她吞吞吐吐地說不出口，秋錦不放棄地追問：「啊是出什麼事情妳就直接講，看要怎樣倒腳手解決啊！」母親鼓起勇氣但又很不好意思地小聲說道：「啊就那個賣布的阿勇啊，他來我家提親啦！不是他、不是他啦，是他替一個年輕人提親啦！」原來是布販阿勇上門提親了，是替一位年輕人提親，也就是我的父親——阿卿。

阿勇是在旗山一帶賣布的，常常往來周遭的村鎮之中，而他也因為常跑甲仙、小林這一帶，因此認識了父親，知道他一個人在台灣打拚，勤奮卻又孤單，於是興起了想幫忙做個媒的念頭，也因為跟外婆熟識，所以決定上門提親，這一年，母親還未滿二十歲。

即將遠嫁，成為小林村的一分子

阿勇大致向外婆介紹了父親的背景，但嚴格說來，聽到父親當年的狀況應該沒有幾個人願意把女兒嫁過去，畢竟一個人單身在台灣，又住在一個連車都到不了的偏鄉，聽都沒聽過的「小林村」，開間草寮搭起的小雜貨鋪，為人父母怕也是捨不得女兒嫁過去吃苦吧！

但不知是阿勇的口才了得，還是父親的堅毅打動外婆，外婆竟然願意把自己身邊最大的女兒，已經能賺錢養家的孩子遠嫁偏鄉。現在想來，也算是外婆的眼光精準吧！因為在後來不到幾年的光景裡，母親與父親已經有足夠的能力，把外婆一家子全部接到小林村生活，由他們好生照養外婆了。

雖然在那個年代的婚姻，普遍常見的模式還是「父母之命，媒妁之言」，但外婆還是有徵得女兒的同意，畢竟父親當時只是個不折不扣的窮小子，彼此也毫不認識，嫁過去日子一定不好過，離家又遠交通不便，實在是想不到，為什麼會答應這個說媒？年輕時的她長的也甚好看，相信往後提親的人並不少，但或許這正是母親一生個性的寫照：「樸實、認分（甚至是認命）」，凡事都先想到別人，才會考慮自己。

於是，他們就在素未謀面，宛如老派電影情節下，成為夫妻，直到結婚當天，雙方才互相見到了對方。

這一年是民國四十四年，父親二十二歲，母親剛滿二十歲。

前往小林村，丈夫只有一間草寮雜貨店

據秋錦阿姨告訴我，她跟秀鑾二姊妹都成了陪嫁，結婚當天見到父親時，她跟秀鑾阿姨還面面相覷地說著：「怎麼這呢黑啊！一點都不像開雜貨店的，倒像是做田人，阿勇到底有沒有騙人啊?!」她憶起當天，彷彿搭乘著時光機回到了六十四年前的這一天……。

雖然對父親第一眼的印象有點「廣告不實」，但秋錦跟秀鑾二位姊妹還是以「尼桑（姊夫）」稱呼父親，這一叫就叫了六十年，如同跟母親的姊妹情誼，六十年不變。

新婚夫妻僅僅在娘家度過六天的新婚日後，二位阿姨就陪著母親一起搭車回到甲仙，再

從甲仙徒步走回小林村，準備開始新的生活與挑戰，而他們所有的，只是一間屬於父親的小小「草寮雜貨店」。

說小是真的小，秋錦阿姨的說法是：「前面擺些醬菜在賣，後面就是灶腳，還有睡覺的地方，不僅小間，還很矮哦，連在屋子裏都不能站直身子，否則頭會碰到屋頂哩！」秋錦阿姨六十多年後，還對這間小小的草寮雜貨店印象深刻，不僅因為這間草屋當時讓她連站都站不直身子，真正擔心的是：「這麼小的一間草阿屋雜貨店，真的能養活阿著姊與尼桑尢某嗎？」隔日一早離開小林村時，秋錦心裡頭仍然記掛著，即將一個人在小林村過日子的阿著。

但還好擔心是多餘的，父親的勤奮與母親的善良，很快的讓他們從一家小小的草寮雜貨店翻身，而秋錦阿姨直到父母離世前，一直都是家裡最重要的長輩，與我們的感情可說是比親人還親。而她，卻也在八八風災後，見證了「小林商店」傳奇一生的起與落。

時年七十幾歲的母親，一如年輕時守著小林商店，直到生命最後一刻。

草寮中的雜貨店——小林商店

串連起全村情感的重要店鋪

一對素未謀面的年輕人終於在女方親友的見證下成親了，
可惜因為大時代的因素，男方的父母沒能親眼見證男孩的成家儀式。
更沒想到的是，事隔多年之後，我的成家儀式父母竟也缺席了。
歷史的重演，總讓人感嘆於世事的無常與巧合。

父親與母親成婚後，就一起住在小林村那間簡陋，卻仍可遮風避雨的草寮裡，同時繼續經營著這家賣醬菜的小雜貨店。但命運之神總愛在你自以為幸福來臨的時候開玩笑，一家之主意外地接到國民政府的徵召令。

因婚後前往所在地的戶政機關登記結婚與遷戶口，意外地讓戶政人員發現了這名可用之兵，原來他到台灣後一直居無定所，也沒親戚，所以也沒寄居在任何親戚戶籍之下，某個程度等於是個幽靈人口。在台沒有完整資料，當然也是那個時代的歷史背景，畢竟國民政府剛遷台不久，很多人口普查制度都尚未建立。

才新婚就分離，小林商店只能靠母親扛

結果這一登記反倒露了餡，於是父親很快就接到了國民兵的徵召令，再怎麼不捨新婚的妻子，也只能乖乖服役去，期待盡快退伍，只留下她一人繼續守著，這間小小的草寮雜貨店。

所幸老天保佑，服役期間遇到的長官對父親都很好，尤其是直屬連長，據說也是來自同鄉，特別照顧他，也可能是他的勤奮容易博得好感，這三年的軍旅生涯算是平安。雖然一開始就前往前線金門服役，但慶幸沒有遇到戰事，之後也順利回調台灣本島，在台南一帶的軍營服役，因此常有機會回旗山外婆家、甚至小林村看望母親，也讓三年的軍旅生涯能順利度過。

我想這三年的分離，意外也給了年輕的母親獨當一面的機會，證實了即使先生不在身旁，她依然可以把小林商店經營的有聲有色。等到父親一退伍，二人更可以互相扶持與分工後，立刻讓小林商店的營運規模顯現出不同的新氣象。

同理心，讓小林商店生意蒸蒸日上

「全小林村若說你爸爸是最會做生意的人，絕對沒人敢反對！」說這話的是周柄橙大哥，他的父親周坤文老先生也是父親在世時的至交，是小林村很有聲望的平埔耆老，他們與幾位長者一同推動「小林平埔夜祭」復振，對小林平埔文化的復興居功厥偉，等於也是小林村的平埔活字典，但很可惜的是，身體硬朗的他於八八風災時不幸罹難，得年八十二歲，只比父親晚走一年。

周大哥說這話不是沒有道理的，民國四十四年出生的他，也親自見證了小林商店的興衰。小林商店是民國四十三年成立，那時是個貧困與物資缺乏的年代，大家日子都過得相當辛苦，平常也只求個溫飽，不要讓家人餓到就好，所以身無恆產的小林人是多數，常常上門買東西都需要賒帳，照理說做生意的通常都不喜歡被賒帳，尤其還錢不是一、二天，往往是好幾個月後，等到農作物收成再賣掉之後，才有錢可以償還。

但或許是父親與母親都是「艱苦人」出身，格外能體會那吃不到一口飽飯、喝一口熱湯的滋味。了解過貧窮，就更願意助人，或許也成為他們經營小林商店的默契，因此，不同於別人開的雜貨店，父母幾乎都不會拒絕前來賒帳的小林人，日子一久，大家都知道阿卿跟阿著開的店可以賒帳，漸漸地名聲傳開，小林商店的生意就一天比一天好。

父親好腦筋，一家商店包辦全村大小事

到後來，他乾脆直接跟農民談，可以先來店裡拿所需要的日用品，等到農作物收成或獵到山產時，再用農特產品抵償即可。這無異給了依賴農作與打獵維生的小林人及那瑪夏布農族人一個方便之門，從此小林與那瑪夏等地的人，都可以大方地先來店裡拿取需要的日用品、柴米油鹽等，收成後再提供等額的農特產品抵償即可。

而父親又因為做生意的關係認識了專門採購農產品的「販仔」，他將這些收來的農產品加工後再轉賣給販仔，一來一往又產生了價差，讓小林商店也變成了轉賣農產品與山產的大型商店，也幫助了小農脫手小量農產品不易的困境。

甚至因為當時還沒有電力，家戶都需要煤油點燈，在眾人要求下也賣起了煤油，往往要從大的煤油桶裡，用長吸管一口一口地把煤油吸上來，再分裝到小桶子販售；也因為當時交通不便，村民有急症時就醫十分不便，所以為了讓身體不適或有小病痛的人能夠緩解，小林商店也賣起了幾樣常用的中西藥材，成為當地的小藥房。雖然從現在的眼光來看可能

不太合法，但在當時，在小林村就能買到簡單藥物緩解小病，也是某一種幸福與進步吧！

母親的善良，還有她的陳年帳本

而母親的個性跟父親截然不同，父親愛面子與好客，為人大方也愛樂捐，做生意不拘小節，而她則剛好相反，低調樸實不擅交際，除了子女的重大場合外幾乎不會出席任何活動，不識字但心思卻很細膩。她不只對自己的子女觀察入微，甚至連小林村哪個長輩家裏小孩不在身邊、或是經濟條件比較不好的，母親都會常常塞些青菜、豬肉給他們，雖然說法常常都是家裏吃不完丟掉很可惜，其實我都知道她給的，永遠是剛買最新鮮的菜與肉，絕不是她口中所說快壞掉的。

還有一個趣事，八八水災我擔任自救會長後，很多年輕人都忍不住酒後吐真言，在喝酒後告訴我：「阿諭啊，真拍謝，細漢的時候常常跑去你家偷拿糖阿，你某見怪，我敬你一杯，向你拍謝！」語畢，在場不分老少竟通通舉杯說：「拍謝啦！我也有，所以我也要敬你！」、「阿諭，我拿最多，我敬三杯！」旁邊馬上有人吐槽：「靠夭啊，明明就是愛喝，你哪知你偷最多，有秤斤哦！」

其實這些母親怎麼會不知道呢！有一次，某個夏天中午，她躺在搖椅上午休，一位小學同學躡手躡腳地走到門口的透明冰箱，小心翼翼地拿走一瓶津津蘆筍汁。全程目睹的我，事後建議母親冰箱是否要換個方向避免被偷，結果她只是淡淡地回我說：「我知道了。」卻絲毫沒有要移動冰箱位置的意思，也沒有任何要追究的意思。

長大後我知道她也有一本帳冊，專門記下村民賒帳的日期與金額，有還的就劃掉，舊的寫滿就再換一本，這個習慣持續數十年，直到有天大嫂發現了怎麼會有很多本陳年帳冊，一看就知道放了很多年，有些甚至已經放了二、三十年以上。

大嫂隨手一翻，才發現裡面很多舊帳本的「舊帳未清」，卻又生出多筆新帳，大嫂問：「這個某某人啊，不是前面欠了很多筆還沒還，怎麼後面又繼續給他欠呢？」母親停了一下，抬頭看看大嫂接著說：「這種很久沒還的，一定是家裡狀況不好，你硬去催帳也沒用，人家既然還硬著頭皮再來賒賬，一定也是不好過，既然都是同村的人，給人家一個方便也沒什麼不好，等他們手頭比較鬆了，自然會還的……」

其實家人都知道，有些人是真的有困難，但有些人是賺了錢也不還，她都看在眼裡但卻很少催帳，頂多不讓這些人再賒，卻從不為難人家。我想她的內心，跟她二十歲嫁來小林村時一樣，時間完全沒有改變這位幫傭女孩的善良，也因為這種善良，成為父親與小林商店一生最重要的幕後功臣，直到人生在八月八日謝幕。

秋錦阿姨常說：「我這輩子認識的好人不少，但就屬你媽最善良、心最軟、對所有的人都好，而且從不在背後話人長短。」八八風災過去十年了，她卻仍常一個人坐在藤椅上看著舊照片，因想念著母親與當年的往事而落淚。

互利共好的生意原則，小林商店寫下傳奇

就這樣，這個與地方互利共好的模式一產生，在地農民的收入穩定生活改善，小林商店的業績也愈發迅速地成長，同時營業種類也愈來愈多元，再也不是只靠販賣醬菜的小雜貨鋪，而成為了包山包海的在地貿易商。

在那個貧困的年代裡，或許很少人敢這樣子做生意，因為萬一遇到「歹年冬」收成不好、或者有人不講信用，都有可能造成帳款收不回來而周轉不靈的困境，然而因為父母的同理心而採取先賒後抵的生意哲學，上天卻用更豐厚的財富回報，多年後的我回想，或許父母親的同理心與善念，才是小林商店在那個年代致富成功最重要的理由。

民國五十三年小林商店五連棟落成時拍攝之全家福。
母親一如她的低調而缺席了，而二哥與我則尚未出生。

多桑，阿卿一生中最重要的貴人

平埔族大哥與外省少年的美好情誼

這是一個外省籍少年郎獨自一人流浪到小林村，之後遇到一位平埔族大哥收留、照顧的故事。

因為情同父子，少年就以日文「多桑」稱呼這位大哥，要是沒有多桑的照顧，絕對沒有他與小林商店的傳奇，這更是我認為，小林村最動人的故事之一。

「多桑」是父親的日文發音，但我卻從來不是如此稱呼我的父親，對象反而是另一位比父親年紀還長許多的阿公。記憶中他是一位和藹可親的長者，但小時候也只記得他叫多桑，直到看到吳念真導演的《多桑》，才知道原來這個稱呼是父親的意思，但這樣卻讓我的疑惑更為加重，為什麼要稱呼別人的父親為「多桑」呢？直到許多年以後，我總算才了解了這兩個字背後蘊含的情意與故事。

多桑夫妻收留父親，才有了後來的小林商店

本名劉英財的多桑，平埔族人。劉氏家族在當地也是傳統大族，由於小林村地理位置的特殊性，使得小林村成為一個遺世獨立的部落，較少受到外界人口的大量移入與文化同化，加上村內通婚比例高，所以小林村的平埔族血統就獲得更完整的保留，還有幾個平埔大姓如：潘氏、周氏、邦氏及徐氏等，就占了村內快半數的人口。

那些年父親剛到小林村，身無分文，從挑夫幹起，後來多桑看到剛滿二十歲的他骨力又有禮貌，又見他一人隻身在台灣，無親無戚地需要人照顧，於是便好心收留，讓他在家裡幫忙做些雜役，雖然賺不到太多錢，但至少有口飯吃，再也不必挨餓受凍，或受一些在地不良青年的欺侮了。

這一收留，父親就在多桑家住了二、三年之久。

後來多桑看到大麵仔的雜貨店他一個人忙不過來，便大力推薦父親去幫忙顧店與挑貨等，而他的勤奮很快地成為大麵仔的得力助手。之後因為大麵仔娶了那瑪夏的姑娘而決定搬離，就把小林這間雜貨店留給了父親。據說，就是因為多桑的極力鼓勵，他才有勇氣去接下雜貨店，從簡單的醬菜賣起，靠著努力與商業天分寫下了小林商店的傳奇故事。

關係親密如父子，蔡家各種大事必定參與

也因為多桑夫妻視父親猶如親生子，所以家裡大事也必定會與他商量，出了事，多桑一家也必定鼎力相助。

諸如父親當兵時阿嬸（多桑太太）常前去店裡幫忙，母親才得以順利度過那三年，又如母親生了大哥後重病纏身，也多虧阿嬸照顧尚在襁褓中的大哥，而大哥結婚更是多桑親自陪同父親前往台北提親。又或者二哥年輕正叛逆時跟父親起衝突，是多桑的兒子劉有儀大哥前來勸阻，還因此受傷。最後在父親晚年身體不佳時，決定預立遺囑，由父親口述我來代筆，也是有儀大哥跟劉仁和村長擔任見證人。

但我想，我們會叫多桑並不只是因為雙方的感情有多好、多像家人而已，而是有一天，雙方真的產生了血緣上的連結。當年大姊三歲，而父親自民國四十四年與母親結婚後，因為當兵的緣故遲遲沒有子嗣，急著抱小孩的他難免心急，於是在多桑夫妻的同意下，便詢

問當時才三歲的多桑小女兒是否願意「當我的子？」懵懵懂懂的小女孩答應了，就此成為我的大姊，也是家中的長女。

但老天爺開的玩笑是，不到半年後母親就生下了大哥，原來收養大姐同時，母親已有了三個多月的身孕而不自知，但也自收養大姊後，家中連得二子二女，還不包含火災後三年才意外報到的第五個小孩——也就是我本人，所以看來，古早時候傳說的養子召子，竟真的有其效果！

因為大姊這一層關係，多桑與我家的情感與信任才會更有如家人般親密，等到父親有能力後，也多次在多桑需要時出手相助，因為如同他常跟子女告誡的：「吃人一口，要還人一斗，這是做人的基本道理，多桑是阿爸的恩情人，一世人都要記得這份恩情。」

多桑一家，等於就是我們在小林村的親人。

一場大火讓母親傷重，多桑一家全力相助

這其中最難忘的，還有一場發生在民國六十二年的那場氣爆意外，這場大火也差點奪走了母親的生命，差一點不會有我跟這本書的誕生了。

民國六十二年，那時瓦斯還不普及，鄉下普遍還是利用需要添加木材的爐灶來煮飯與燒熱水，而小林商店是當時村內第一戶使用瓦斯的人家，同時也開始販售桶裝瓦斯，因此家

中就堆置了不少桶裝瓦斯，才讓這場氣爆這麼嚴重。

那天下午因為煮飯的阿婆在廚房後面的矮房子睡覺休息，平常不須下廚的母親想讓阿婆多休息一下，於是就自己走到店後面的廚房開瓦斯燒熱水，但因為不熟悉瓦斯桶的使用，加上當時瓦斯桶的設計缺失，母親將瓦斯開關轉錯了方向，導致瓦斯開關整個掉落，瓦斯氣體一碰觸廚房的火星立刻引起氣爆，大火瞬間掩沒整個廚房，母親也嚴重灼傷，還好被旅居家中小林大旅社的外省伯伯用沾濕的棉被救起。

父親為了救母親也被灼傷，這場大火幾乎全村動員，人人都擠到小林商店來救火、救人，但因為當時店裡桶裝瓦斯不少，大家又對瓦斯的氣體特性陌生，第一時間的滅火方式並不正確，使得這場因氣爆引起的大火足足燒了大半天才停止，當然，母親是受傷最嚴重的。

父親與母親受傷療養期間住在旗山，由秋錦阿姨跟大姊負責換藥與照料日常起居，但小林商店跟在地居民的生活息息相關，不能長時間不營業，於是父親就把店交給了當時十八歲的大姊與多桑，請他們代為主持大局，也因為多桑的出面，大姊才不至於受到當地惡少的欺負，讓小林商店順利度過店主不在的這段時間。

可以想見，當時的父親與多桑的信任早已超越了金錢。

我相信當年對二十歲父親雪中送炭的多桑，是父親這輩子最感念的人，兩人分別來自大陸廣東的小漁村與台灣深山的小林村，卻能在異地培養出這段父子緣，多年後回想，那不正是當年的小林村最美的風景嗎？

謝謝您，我心中永遠的——多桑。

多桑八十大壽時，與兩個兒子九個女兒的全家福合照，左三為大姊銀緣（女兒中排行第九），右一為有儀大哥，右三為八八水災後與我長期共事，感情甚篤的八女兒銀好。圖片提供／劉銀好

二齒伯，落地生根的外省老兵

成就村落的傳世美味——小林包子

二齒伯是一名外省老兵，本名叫做夏阿條，
因為隨部隊到偏鄉開墾台20與21線道路，最終決定留在小林村，
不只將家鄉絕活與在地特產結合，為小林村留下一味小林包子，
即便最後隨著兒子回到上海，
但他的故事，仍是那個年代小林村最難忘的美好滋味。

二齒，是村人對他的暱稱，他一直都甘之如飴沒有嫌棄過，也不知是何時開始的綽號，或許背後還有什麼英勇故事，只是從來沒聽他提起過就是了，這一叫就叫了一輩子，就連我這個小毛頭，也很沒禮貌地跟著父親叫了一、二十幾年。

退伍老兵的他，俗稱榮民，民國五十年代末期的時候跟著部隊進來開墾台21線省道，先從甲仙通往小林，再從小林通往那瑪夏，也多虧了這批榮民與國軍弟兄，自此以後，小林村與外面的世界終於有了連結，再也不是那個連車子都到達不了的蠻荒之地。那年，他其實已經快五十歲了，於是開路後，決定留在小林村，把這裡當作是他的第二故鄉。

因開墾道路而留下的外省老兵

當時因為開路的關係，很多阿兵哥跟榮民就直接在小林村租起了房子，父親也趁勢將小林商店的三樓擴建作為小林大旅社，包括店面後方一排的土角厝也都供不應求，都租給了阿兵哥與榮民，作為他們暫時的棲身之所。其中，有好幾位榮民伯伯就留了下來，二齒伯就是其中一位，而且住得最久，跟父親的感情也最深。

平日裡靠著榮民之家發給微薄退休金過日的他，一個人生活倒也簡單，唯一嗜好就是跟父親還有幾位固定的阿伯級牌咖打打麻將，牌咖多半是住小林跟甲仙的幾位阿伯。麻將一打二十幾年情感深厚，相處的時間往往比家人還長，而且有一半的時間會在我家三樓開打，三不五時還會看到我很敬重的管區仔叔叔一起同樂，讓我很長一段時間都以為打麻將是不犯法的，否則為什麼警察伯伯都在我家打麻將呢？

可能是因為長期住在我們家後面，有時甚至從同一個門進出，所以給我的感覺，二齒伯一直像家人，而不是房客。

獨鍾李艷秋與國劇，誰都不能搶

小時候印象最深的就是二齒伯很迷畫著大花臉唱著戲的京劇，因為小林人都只看歌仔戲跟布袋戲，所以對於操著一口聽不懂的北京話唱腔實在難以恭維，而偏偏全村當時只有我家有這一台專門跟村民共享的電視機，擺在店門口對著馬路，騎樓下還會擺一排板凳，方便大家看電視，平常熱門時段都一定坐滿滿，但只要二齒伯開始享用他的國劇時段，你放心，一定瞬間變成一人包場，沒有人聽得懂電視裡到底在唱什麼。

現在我可能有點懂了，他聽的叫做鄉愁與回憶，如同現在我偶爾在路邊看到歌仔戲或布袋戲的野台戲，我一定會停下腳步，聽的也是我的回憶、我的童年、還有我在小林村的那些日子。

除了國劇之外，他看電視唯一的目的就是任何有「李艷秋」小姐出現的畫面了。除了《每日一字》之外，他一定會準時收看七點撥出的《華視晚間新聞》，而且不准任何人轉台，還好，從來沒有人跟他搶。

按現在的說法就是：「二齒伯ㄚ是秋粉！」而且是很鐵的那種鐵粉，剛開始還有人不知道亂轉台而被他用口齒不清的外省口音大罵：「他就是要看華視、就是要看李艷秋！」千萬不要跟他搶，因為你最後一定會棄盔卸甲而逃。

當時年紀小不懂事，只覺得怎麼會喜歡一個電視上的人喜歡到這種莫名其妙的程度，甚至讓大家覺得喜歡到「像豬哥」的感覺，長大後才知道原來他在來台灣之前就在上海娶媳婦了，也有了孩子，因此他一直等著再回上海找老婆孩子的一天，不像其他榮民伯伯一樣在台灣另組新家庭，他終生沒有再娶。

或許也是因為李艷秋有某些氣質，像他那位留在上海最終改嫁無緣的妻子，也只有這種移情作用，才會讓一位花甲老人常因為看電視而跟年輕人吵架吧！

親手研發包子，成為小林村的時代記憶

後來我念國小差不多二年級的時候，二齒伯有一天跟我爸借了其中一間店面，做起了包子跟饅頭，這可是小林村當時極大的盛事，因為打從我有記憶以來，小林村沒人賣過早餐，更不用說外省口味的包子、饅頭，早餐永遠是家裡煮的清粥小菜配罐頭醬瓜解決。

這顆劃時代的包子，就這樣橫空出現在小林村，而且因為二齒伯年事已高，所以一天只

能在下午出爐一次，賣完就沒有了，所以記得當時只要雜貨店隔壁傳來香氣，就能看到小林人一擁而上將包子一搶而空。

也因為二齒伯一個人的產能根本不能滿足小林人下工後與學生下課後的飢腸轆轆，所以動作慢一點的幾乎都搶不到，為了解決這個產能不足的問題，於是開始嘗試聘用「童工」，請附近的小學生下課後幫忙揉麵團，順便讓他們打工賺零用錢。

因為那時村裡多數人的家境都不好，小孩是沒有零用錢的，但是自從二齒伯開始賣包子之後，小孩子也開始有了打工的機會，就這樣五塊、十塊的替自己賺零用錢，所以一顆好吃的包子不只提供村民好吃的點心跟早餐，還能提供小小的就業機會，讓小朋友自食其力賺零用錢，一顆小林包子帶給村子的貢獻真不少。

等到二齒伯年紀更大以後，就把做包子的技術與配方無償教給了建忠跟惠如這對年輕夫妻。建忠他們是跟我家租店面專門賣小孩子玩具與糖果的，也是這樣，後來乾脆兼賣早餐，小林村才終於有了第一家早餐店，這也應該已經是我小學四年級以後的故事了。

一場有著全村祝福心意的餞別宴

兩岸開放探親後，知道他曾經回上海找到妻子跟兒子，也知道他太太當年因為生活因素而改嫁，讓長年的等待有了遺憾，但至少慶幸的是，多了一個長大成人的兒子，回來後也一直說著兒子將來要接他回上海養老，也替他開心著，如果晚年父子還能相聚，至少也少了一個遺憾。後來他兒子真的克服萬難從上海來接二齒伯回上海，我也一度以為可能再也沒機會見到他了，沒想到幾年後，二齒伯居然帶著他兒子回小林村了。

那剛好是當兵前三天的事情，二齒伯跟他唯一的兒子一起回到小林，據父親的說法是一方面有感於自己年紀大了，不知未來還有多少日子，所以很想再回來小林看看老朋友，一了心願；另一方面，可能也是生活有困難，希望父親這些老朋友們能夠幫點忙，讓他將來百年後能留一點錢給兒孫。

於是父親就跟村長及一些交情好的老朋友商議著，最後大家提議給他辦一場「餞別宴」，一方面歡送他，一方面也讓村民各憑心意與能力，多少包些禮金幫他餞行，當作二齒伯的退休養老以及腳尾錢留給後代。就這樣，小林村歷史上唯一一場的「餞別宴」熱鬧地舉辦了。

那一天全村的人幾乎都到了，因為大家心裡也清楚，八十好幾的二齒伯這一別，重逢之日大概就是天上人間了！所以能到的都到了，不能到的也都託人帶了紅包，就當成是給他回大陸的養老金。事後聽父親講起，全村應該也湊了幾十萬的養老金，我沒問父親他包多少，但我知道，以他們至少超過三十年的交情跟老牌咖革命情感，應該是最大的那一包吧！

二齒伯啊！謝謝您帶給我們的回憶，這輩子吃過各種口味的包子，至今仍然沒有一個像您做的包子一樣，充滿小林的古早味。

北極殿與康樂台

充滿兒時快樂回憶的方圓之地

北極殿與玄天上帝是小林村民除了太祖外，最重要的信仰力量，而廟埕，自然也是廟會或辦活動時不二想的場地。正對面的康樂台，更是欣賞野台戲與蚊子電影院的最佳戲台，童年的許多快樂回憶，自然少不了與這裡的關連。

小林村是個有點長形的聚落，而村子中心恰好是個轉折爬坡處，村子的信仰中心——北極殿，也就是蓋在這裡，供奉的主神是玄天上帝，除了是村子最大的廟宇跟信仰中心外，也是村子舉辦大小活動「熱鬧的所在」，而北極殿的正對面就是村裡唯一的表演舞台——康樂台。

據說早期北極殿只是一間小小的宮廟，後來小林村人口多了起來，路也通了，大家的生活逐漸有了改善，於是在多桑跟父親等長輩發起籌資下小林村民有錢的出錢，有力的出力，重新蓋起了嶄新的北極殿，也將廟埕重新整理，順便在北極殿的正對面蓋了一座康樂台，成為看戲與表演的舞台。

全村的信仰中心與快樂泉源

小時候父親初一、十五都會帶我到庄頭的土地公廟與北極殿祭拜，有時站在金爐前焚燒金紙時，常會跟小小的我說：「阿爸跟你講，咱人有賺錢就要記得感謝神明的保佑，神明才會保佑你賺到更多財富，像是這間北極殿就是阿爸跟一些善心的信眾幫忙蓋起來的，你燒金紙的這座金爐上面，還有刻阿爸的名哦！」

我看了下金爐，真的發現了刻著「信徒蔡文卿捐贈」這幾個字，長大後也依稀記得父親擔任過北極殿主任委員好些年，但沒有繼承父親虔誠信仰的我，始終無法體會父親對北極殿與這座村莊的情感。直到八八水災後我擔任自救會長時，常常有許多村子裡的長輩握著我的手說：「多謝，還好你爸爸跟媽媽有生你來幫咱小林做事情，你爸爸以前幫廟裡跟庄頭做很多事、捐很多錢，你媽媽也有夠善良，對人有夠好……」似乎直到那一刻，我才有點懂父親講這些話的用意，原來付出雖然很累很辛苦，但內心卻會得到另一種更深刻的回報。

從小時候有印象開始，舉凡村子所有的重要活動、娛樂比賽、元宵節或中秋節特別晚會、謝神野臺戲等等，都幾乎都是在北極殿前的廟埕與康樂台進行，這塊方圓之地幾乎包辦了小林村民的喜怒哀樂與我的種種童年回憶，尤其是在康樂台小小的舞台上，長大以後，仍然不時的想起康樂台上的許多歡樂時刻。

蚊子電影院原來是場賣藥大會

印象最深的，就是每逢神明生日的野台戲以及賣膏藥業者的蚊子電影院，對小孩子來說可是件大事，往往三天前就會開心到睡不著，直到那天到來！

民國六、七十年代時，對身處山區與偏鄉之偏的小林村民而言，要看一場「電影」是非常奢侈的，不要說什麼上電影院看電影，我印象所及要到旗山才有電影院可看，甚至也在七〇年代就不堪虧損而關閉了。

所以每當聽到「岡山苦瓜丹來囉！岡山苦瓜丹來囉！今日會帶來精采的電影給大家欣賞

哦！咱晚時七點、七點，在北極殿前面的廟埕來放電影囉，請大家相招來看電影囉！」就是小孩子最興奮的時刻了，雖然後來慢慢發現，業者經常放重複的電影來唬弄，但能看電影就是一種幸福，誰還管裡面演什麼呢？

忍不住要分享一下，我印象中最常重複放映的一部電影，已經記不得到底看過幾遍了。記憶中的劇情是這樣的，背景應該是民國時，有一艘海盜船打劫了另一艘載運貨物跟婦孺的貨船，這艘貨船的目的地應該是要從大陸到台灣，無奈被半路搶劫，男人全部殺光，然後把財物洗劫一空後，就把剩下的女孩跟小孩釘在木箱裡，然後丟到海裡活活淹死，之後這個女孩回來報仇，一一索命的故事……。

我必須老實講我不是很記得後面的劇情，一方面年紀小其實不敢看鬼片，所以每到驚嚇處一定把眼睛遮起來，再則這種賣藥的業者也很聰明，一部電影九十分鐘至少要放到兩倍的時間長，中間會不斷地賣藥、推銷、試吃再推銷，直到老闆賣到他要的扣打，才會接著繼續放，所以對於九點前必須回家的小學生來講，是永遠看不到結局的。

直到多年後跟好友聊起，他才說他看過這部電影，原來就是六十年前轟動全台的金門女孩「朱秀華」附身還魂一案，並且在民國七十年拍成電影，由胡茵夢與梁修身主演，至此我才恍然大悟，我看的是哪一部電影了，一解三十年心頭之謎。

附帶一提的是，很多南部偏鄉的人一定聽過「岡山苦瓜丹」的名號，正當我回憶到這段歷史，順便上網搜尋了一下，想了解當年快樂的回憶之一是不是還存在。

結果一查才發現業者居然是已經被司法認證的偽禁藥集團，四處流竄於高雄縣偏鄉地區販售假藥，靠著播放電影吸引村民買藥，沒想到我快樂的童年回憶竟然是一場假藥的騙局！也只能慶幸當年為了看電影，而買苦瓜丹當補藥的小林人還好沒吃出人命了。

難忘那場康樂台前的大亂鬥

兒時記憶裡最印象深刻的還有「布袋戲大戰脱衣舞」的戲碼，整個小林村歷史，應該也只有這一場吧，所以我相信不只我在內，許多小林村的男性應該都是記憶猶新。

農曆三月初三是上帝爺公（玄天上帝）的生日，按往例這一天全村都會準備豐盛的供品來為上帝爺公慶生，同時晚上也會有「謝神戲」上演，有時候是布袋戲，有時是歌仔戲，如果前一年有人向神明許願靈驗的話，那就不只會有野台戲，可能還會加碼限制級演出——脱衣舞團。

這一年可能因為豐收，也可能因為有人向神明許願結果願望成真賺了大錢，所以除了固定的布袋戲一團之外，另外又多了一團布袋戲外加一團十八禁的脱衣舞團，總共三團的空前演出，可說是有史以來最精彩的一年！

所以小小的康樂台跟北極殿前的廟埕上擠滿了戲團，形成難得一見的三面舞台，當然，我們小朋友一定是乖乖拿了板凳去看布袋戲，十八禁演出是屬於成年男性的，我們小朋友當然是不能看的。

但是這三團同時擠在小小的廟埕上，媽媽們再怎麼耳提面命，終究敵不過那旺盛的好奇心與蠢蠢欲動的青春賀爾蒙，國中小的男學生們已經開始紛紛轉向，上演一齣人在曹營心在漢的戲碼，明明人是坐在布袋戲團前，頭卻已經轉向十八禁的表演了。

其中一團金光布袋戲，前一年就來表演過，因為燈光效果、爆破煙火秀都非常精彩，所以連續第二年受邀演出，因此顯得另一團傳統的布袋戲團無趣許多，所以表演才過沒多久，較傳統的這團布袋戲台前的觀眾已經跑光，剩幾張空盪盪的紅色板凳了。

也不知是否愈夜愈嗨，當十八禁舞團被滿場成年男性的歡呼聲刺激，台上的衣服正一件件地褪去，台下的男性觀眾一把火燒的正旺，此時突然聽到有人說：「ㄟ，怎麼那一團布袋戲不演了？扮戲的跑去哪裡了？」大家才猛然發現，原來沒有觀眾的那團布袋戲工作人員，乾脆把布袋戲丟著，一起混在人群中欣賞香艷的演出，卻因為是大家沒見過的生面孔，就馬上被村子裡的人認出！

「扮戲的變成來看戲！」村民一邊罵又一邊覺得好笑，但也沒人真的怪他們，只是記得有人說：「既然這樣，那幹嘛花請三團的錢，以後直接請這一團就夠了啦！多請多賠錢的……」

表演讓每個男人都連連點頭稱是，但回家後因為媽媽發現小孩表情興奮紅潤，一問之下竟都在討論十八禁的演出內容，讓媽媽怒不可遏，直喊：「教壞孩子大小！」之後跑去向廟方主委抗議。此後，我就很少見過脫衣舞團在村子表演了，就算有，主委還是三不五時出來趕人，在跳得正火熱的九點前，把未成年小孩全趕回家！至此，這場脫衣舞就成了我童年回憶中，最後一場成人秀了。

北極殿是我人生看第一場野台戲、第一部電影的地方，康樂台也是我人生中第一次上台表演的舞台，它們或許不大，但在所有小林人的心中，這裏就是世界上最棒的舞台，永遠無可取代。

大哥蔡松林與至交劉仁和年少時於北極殿合影，有種桃園結義的情懷，劉仁和後擔任小林村長，也是最後一任小林村長。圖片提供／蔡松林

小林國小與畦老師

為了孩子，四十年無悔的貢獻

在小林村長大，是開心的事情，尤其是在小林國小的時光

由於學校很迷你，大家的感情特別好。

夏天相約到溪邊游泳，到山上偷採剛長成的青芒果

相約到學校籃球場打籃球，

玩到忘記時間，總是讓媽媽大吼著出來找人……

還有一位奉獻自己一生的畦老師，至今仍讓人懷念。

小林國小是小林村唯一的學校，也是所有孩子擁有共同回憶的地方，這是一個每年級只有一班的迷你小學，卻在這裡誕生過舞龍舞獅團、樂隊、田徑隊等等，只因這裡有著充滿天分的小孩，以及終身奉獻給小林國小的眭老師與劉叔叔。

還有待我極好的小學三、四年級導師，蔡仁玉老師。謝謝您認同我的潛力，讓我代表小林國小參加各種作文、演講與朗讀比賽，培養了我多方面的能力與自信，也力排眾議讓我當了二屆的模範生，讓我知道不只考試第一名之外，我，還有其他的可能性，也是今天有能力回饋小林村的重要原因。

還有六年級的導師張秀足老師，謝謝您在我意外失去縣長獎時給我的鼓勵，我永遠記得您私下告知我時，那眼神裡充滿的歉意，我也要跟張老師說：「讓我覺得名次不是最重要的，就是您對我的肯定，那超乎了任何名次的意義。」

除了讀書，唱歌跳舞運動樣樣行

小林國小的孩子不愛念書跟當時的環境有很大的關係，畢竟家裡環境不好，升學不是主要的考量，國中畢業後能夠盡快投入職場工作改善家庭才是急迫的，所以長久下來，念書考試就顯得沒有那麼重要與必要。

另外一個原因可能是，平埔族血液裡的DNA。小林國小的孩子多數都具有平埔族血統，所以好動、愛唱歌、跳舞，而且運動細胞好，音樂天分也好，所以在小學階段乃至升上甲仙國中後，在運動與音樂上的表現都極為優秀，只可惜那是個只注重升學主義的年代，所以這些天分並沒有獲得好的培養，最後只能變成嗜好與興趣而已。

再加上小林村有山又有水，小孩子隨時可以到山裡面的果樹採果子，隨著季節改變，各種水果都有，也可以在夏天時到溪邊游泳、玩水，技術好的還可以比賽潛水憋氣、到水底撿硬幣等等。

真的，有段時間小林村因為水質好，常有外地觀光客進來烤肉玩水，就喜歡跟我們的小孩子玩這個遊戲，甚至聽說手錶也有人丟過！當然小林的孩子哪會錯過，一個個都被撿走了，又是一個賺零用錢的方法。

當年的玩伴，日後自救會的中堅力量

而我印象最深的就是小學的操場與籃球場了。記得有一年夏天雨下得很大，那時正值暑假學校放假，整個操場都積水，也不知是哪個孩子王起的頭，居然拿起了球具，沿途叫小朋友到學校打棒球，其實應該叫打「水球」比較貼切！

於是，我們就在積水的操場上玩起棒球，那個球一打出去是不會滾的，因為整個地上都是水，滾地球就直接「黏」在地上，濺起一片水花，防守的人一邊跑一邊摔倒再一邊傳球；

跑壘的人也是，一邊跑一邊摔，每個壘包都一定會「滑壘」，就這樣，一局沒打完，在場十幾個小孩全部變成泥巴人，衣服沒有一個地方是乾淨的，天上仍不時下著雨，我們就在雨勢忽大忽小中，在爛泥巴堆裏，打完了一場球賽，一場根本沒有分數的比賽，因為大家都樂在水花與泥巴堆中，才沒有人去管你到底得了幾分哩！

有一年開始，電視上轉播起瓊斯盃籃球賽，於是所有的孩子又開始迷上打籃球，包括我在內。那陣子每個孩子眼裡都只有籃球，每當中午吃過午飯，也顧不得午飯根本還沒消化，像是住村子上坡的燕誠就會開始沿途吆喝，有時會到我家借籃球，我就會趁機一起溜出去，然後從下午一點打到六點，打到有人的媽媽受不了了，跑到小學外面的圍牆氣沖沖地找孩子，我們才知道應該要回家了，不然媽媽們會一個接一個的出現，那就不得了了！

生命如此熟悉又巧合，當年我們一起打球的這些球伴，竟是日後小林自救會的第一批幹部，包括孩子王燕誠、小林村籃球之神偉民、舞龍團的靈魂「龍珠」報寅等等，都成為日後八八水災時重建的支柱，而我們的默契與熟悉，就是在小林國小時所培養出來的。

眭老師，小林國小的安西老師

眭老師，全名是「眭道義」，他是小林國小唯一的音樂老師，大概也是當時全台灣國中小年紀最大的音樂老師之一，外型像極了漫畫《灌籃高手》的安西教練，或是速食連鎖店的肯德基爺爺，滿頭白髮、身材圓潤，外省鄉音極重，卻是個和藹可親的老老師，他將一生奉獻給了小林，在小林國小任教至少超過四十年。

據說他可能是湖南或湖北一帶的外省人，隨國民政府撤退來台，很早就來到小林村，有人說大約民國四十年左右就到了小林村，現在身為小林村僅存耆老之一的徐大林老先生（現年七十好幾）還曾經是他的學生，由此可見眭老師在小林國小任教的年代實在很久遠。

幾乎每個小林孩子都上過他的音樂課。下至民國三十年代上至七十年代出生，橫跨近四十年的教育旅程，卻只奉獻給小林國小一所學校，不只現在覺得不可思議，就算在當年，這樣的從一而終也實在太難得了。

在眭老師的主導下，小林國小很早就有自己的樂隊，清一色由校內的四、五年級生組成，不要看小林國小人數少歸少，樂隊卻是標準的規格，有大鼓、小鼓、響鑼、笛子等等各種樂器都有，麻雀雖小五臟俱全，人數大約十幾人，工作倒算簡單，就是負責升旗的時候演奏國歌與國旗歌，以及頒獎時的頒獎樂了。

我也是樂隊，但其實沒有音樂天分

但因為人數實在太少，連我這音感極差的學生也被選上擔任其中一位小鼓手，所幸從頭到尾就是三首曲子：國歌、國旗歌以及頒獎樂，都靠著學長教的「偷吃步」，終於也讓我順利混到快畢業了。直到那次另一位小鼓代班大鼓時，剩我一人演奏時，才被眭老師抓包。

這一天因大鼓手阿義請假，於是眭老師一聲令下，要另一位小鼓手阿全代班大鼓，因為平日眭老師就要求我們要熟悉每種樂器，所以阿全臨時要背大鼓也不是問題，雖然個子小阿義一截（阿義是班上最高的男生），但敲起大鼓來卻一點也不遜色，可說是虎虎生風、捶捶入心，節奏完全精準到位。

反觀被阿全掩護甚久的我，就沒這麼幸運，那天眼看沒了掩護，竟緊張到原本也還熟悉的旋律全部忘光，於是全場只聽到小鼓的鼓聲完全脫拍，好像在演奏另一首曲子般，一路荒腔走板地奏完了國歌與國旗歌。果不其然，演奏完的那刻就看到眭老師面色鐵青的上台。

「蔡頭，你今天在打什麼小鼓啊！是肚子餓還是肚子痛啊!?回去再給我多練習幾遍，演奏成這樣能聽嗎!?國歌都快被奏成『國殤』了!?」眭老師有點生氣又有點想笑的訓著話，我瞄到同學都憋笑憋得很嚴重，只有我一個人笑不出來，只想找地洞鑽進去。

對了，蔡頭是眭老師給我取的外號，因為全校只有我一個姓蔡的，所以他喜歡當眾開玩笑叫我蔡頭，雖然我跟電視上的蔡頭長得一點都不像。

簡老師：愛上小林村就此入籍為番

簡文敏老師曾經跟我說：「小林村是個會讓人想『入籍為番』的特殊部落。」意思是說當外地人進來小林村後，會很自然地愛上這個地方，然後心甘情願地變成小林平埔族的一份子，這句話在我看來，確實是描述得非常貼切。

小林村在僅有百餘年的歷史中，有三個外省人應該是最讓人印象深刻且對村子影響很大的。一是我父親，成立小林商店、擔任北極殿主委多年與小林社區發展協會創會理事長，並於任內攜手多位耆老讓「小林夜祭」重新復振；二是畦老師，在小林國小任教超過四十年，並擔任教務主任多年，傳授音樂、工藝、文化等，創辦了包括舞龍舞獅隊、音樂隊、田徑隊等，甚至連校歌都出自他之手；最後一位就是二齒伯，雖然孤家寡人住在村子裡，但將大陸北方的麵食技藝帶到小林村，留給那個年代的小林包子，用平實的價格餵飽了每個人的胃，以及帶給大家溫暖的回憶。

這樣來自異地的三個外省人，除了寡居的二齒伯由小孩接回上海頤養天年，最後都在小林村落地生根，走完人生最後一哩路。

相信在他們心中，小林村早已是比故鄉還親的家，而他們對小林村的付出，也會永遠留在我們的心中。

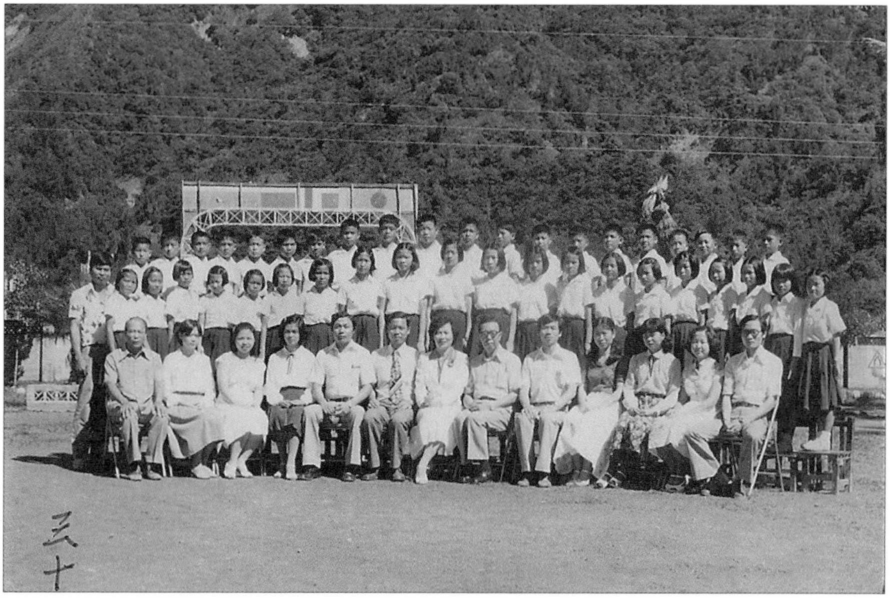

眭老師是前排右六戴眼鏡的先生，而劉叔叔則是最左邊的年輕帥哥，兩人是小林國小不變的「黃金組合」，也都把一生，奉獻給了小林國小。
圖片提供／蔡松林

童玩店引領全村流行

每一位小林孩子心中的天堂

在兒時記憶裡佔有一席之地的回憶，
除了和朋友玩耍的時光，過年過節的熱鬧，
童玩糖果店，絕對是數一數二重要的！
不論是尢仔標、打彈珠、抽糖果，
小林村的孩子不只是玩，還玩得很有頭腦，替自己賺了零用錢！

民國五十三年父親重建了小林商店，小林商店就再也不只是一間草寮雜貨店，而是成了五間連棟透天的大店面，之後又陸續擴建到二、三樓，還成立了小林大旅社與松安冰菓室等新事業，父親商業嗅覺與行動力在那個年代確實高人一等，也無怪乎老一輩的人會以「小林村最會做生意的人」來形容父親。

後來經過民國六十二年的大火，以及台21線道路的打通，小林村對外聯絡變得愈加方便，小林商店的優勢就一點一滴的流失，於是父親後來就把五棟透天的邊間租給了年輕的建忠與惠如夫妻，專賣給小朋友的玩具糖果，成為引領當時小林村童玩文化的重心。

自從有了建忠夫妻開的童玩糖果店後，幾乎所有小林村好吃好玩的都出自這裏，尤其每隔一陣子，就會開始流行最新的玩具或遊戲，是每個小林孩子不可或缺的童年。陸陸續續帶動的流行有：尢仔標、打彈珠、跳橡皮筋等等，其中讓我小時候印象最深刻的就是抽糖果與彈珠檯了。

抽糖果，成為賺零用錢的熱門管道

在通貨膨脹沒這麼嚴重的那個年代，對小孩子而言一塊錢還是有用處的，除了可以買兩顆糖果之外（一顆五毛錢），最重要的是可以拿一元來玩抽糖果遊戲（又稱抽張），一塊錢可以抽兩張，就看手氣好不好，能不能抽中更多的糖果或是獎品，甚至現金獎。

至於抽張的種類就很多元了，舉凡番薯糖、烤魚片（紅紅的那種）、巧克力菸斗等等，無一不是那物資貧乏的年代，讓小孩子吃點零嘴、解解饞的好選擇。但是後來，卻不知如何開始演變成小孩賺取零用錢的熱門管道。

因為小林村的孩子多半沒有零用錢，必須自己想辦法，所以有的會利用課餘打打小零工，例如幫二齒伯做包子饅頭，但不知道是哪個小孩先想到的辦法，後來竟造成全村的孩子群起效尤。那就是去跟建忠、惠茹「批發」糖果盒來讓其他小朋友花錢抽，一盒約可賺進二十至四十元，可以說是七十年代小林村小孩子最盛行的一種賺零用錢的方法。

說批發，其實有點沉重，其實就是建忠他們先把糖果盒以批發價賣給小學生，小朋友們再拿著遊戲盒給其他小朋友抽，當時平均一盒的成本大約二十五至四十元，但是全部抽完的話可以拿到大約四十到六十元，等於每一盒就有二十元的利潤，當時二十元是某些小朋友一個禮拜的零用錢，重要的是沒抽完的糖果全部屬於店東小朋友的，換算下來毛利率高得嚇人！

於是一下子，全村的孩子都當起了「無店面式老闆」做起了生意。下課後路上隨處都能看見小朋友拿著遊戲盒四處閒逛，看那裡有小朋友就往哪去，碰到面也會順道問你：「要不要抽一下啊！大獎還在哦！」這麼具有業務開發企圖心的孩子實在是令人欽佩，要是當年有網路拍賣的話，這個村子可能會多出幾個馬雲了。

彈珠台，又是一個創造零用錢的好方法

當然建忠夫妻也沒有因此而沒有生意可做，因為全村的孩子都成為他們的下線，他們分一些利潤給小朋友，而小朋友因為可以賺到零用錢而拚命推銷，又能吃到更多零嘴，實在是雙贏。當然建忠夫妻也不是省油的燈，很快的他們又找到了幫自己以及小朋友創造財富的第二種方式，那就是彈珠檯。

那其實是一種小額的賭博性電玩，現在偶爾會在夜市的懷舊童玩裡看到，當然我們絕對不是鼓勵小朋友賭博，只是在那個六、七年級生成長的年代，彈珠台，確實是在記憶中有著一個位置。

彈珠檯的獎項是隨機性的，有二元、四元、六元、八元及十元共五種，每多一元又可以再增加一個倍數，例如你抽中四元的倍數，再加四元就可以成為五倍，一旦打中就會乘以五倍，這樣你就可以贏得二十元。這對小孩子的吸引力真的很大，使得小孩紛紛把賣抽張賺來的錢再投入彈珠台，希望能賺到更多零用錢，結果當然是十賭九輸，小孩又把辛苦賺來的錢還給了建忠夫妻。

哈！身為小林村的孩子，這二種我當然都沒有錯過，尤其是彈珠台，更是充滿了魔力，不是因為贏得的零用錢，而是那個打中後的成就感實在無可比擬。

彈珠檯其實很需要技術的

或許你會說，打彈珠台就是一種賭博，哪裡來的技術可言?!但我一定會忍不住要反駁：「打彈珠是真的要靠技術啊！不像水果盤，是由電腦控制勝率，打彈珠則可以透過手勁的訓練與拿捏，這二者是大大不同的！」因為每個彈珠台手把的彈性與鬆緊度都不同，還有反彈的力道也會不同，只要你熟悉不同彈珠台的特性，相信你就會懂得征服它的樂趣與成就感。

所以說，打彈珠絕對不是「珠來就打」式的賭博，而是需要不斷練習才能練就一雙控制自如的好手勁，絕對是一門藝術！雖然我知道，這聽起來好像有點在合理化自己的賭博行為……。

小林的孩子啊！你是否有著跟我相同的兒時記憶呢？

小林村的過年

美麗小村莊化身不夜城

一到過年，所有小林村外漂的孩子都會回來，好不熱鬧。
當年夜飯吃完，年節的重頭戲才要登場。
孩子們很有默契的到童玩店集合，玩到凌晨才會被領回家。
男人們，則是盡情享受一年之中僅有的賭博特許。
初二時，出嫁的小林村女兒也通通回來了，更添熱鬧！
這是一直到今天，我都無法忘懷的美好年節記憶。

我總記得小時候每一次過年時那樣歡樂的氛圍，家家戶戶外漂的孩子全都會趕在除夕前回鄉，還附帶很多久久回鄉一次見親戚的小孫子。從除夕夜吃完年夜飯七點半開始，建忠與惠如的「孩子店」就擠滿了全村的小孩，電玩的聲音從沒停止過，直到父母跑來店裡尋人，孩子才會心不甘情不願地跟著大人回家睡覺，這時往往都已經是大年初一凌晨了。

這幾天是建忠夫妻最忙碌的幾天，還有幾年小林人丁特別旺盛，小孩子特別多，逼得建忠夫妻只好通宵營業、輪流顧店。

那時店裡與店外都會擠滿小孩子，店裡的小孩打大型電玩、打彈珠台、玩水果盤，嘴巴上通常還含著剛剛買的水果棒棒糖，口袋裡則是阿公阿嬤、叔叔伯伯剛剛給的壓歲錢紅包袋，金額不一定多，但情感的重量卻很豐沛，不管好過歹過，阿公阿嬤定是將能力範圍內最好的留給小孫子，這是小林村，恆久不變的過年味。

孩子們的電玩較勁，很有看頭

那些年，「快打旋風」永遠是最熱門的電玩，是屬於國中生大哥哥的，我們小學生永遠是在旁邊欣賞的觀眾，跟著起鬨那種，過年期間是輪不到我們玩的，除非你是從外地返鄉、又深藏不露的高手，那就另當別論了。

我有一位小學同學慶仔，就是憑著他在外縣市鍛鍊出的靈巧手感與高超技術，在那年以每兩秒一次的「昇龍拳」，把村內的大哥哥都痛打一頓（當然只是電玩裡的對打），讓我們看得目瞪口呆，超級崇拜。然後就開始聽他講著台北的種種事蹟與如何的高手如雲、他只算小咖……我們這些住在深山裡的野孩子聽得如夢如幻，好像台北人喝的奶粉都特別高級、牛奶卡營養，所以連小孩子都特別厲害。長大了，才了解這就是所謂的城鄉差距，連打電玩的水準都存在，倒跟奶粉一點關係都沒有。

而在我家與建忠家對面的「埕」，則是擠滿了放煙火與玩沖天炮、水鴛鴦的男孩子，不時傳來女孩被嚇哭的聲音，男孩總是會將鞭炮故意丟到女生附近。夜裡，全村的沖天炮與煙火似乎都沒停過，這是除了中秋節以外，全村能聽到最多鞭炮聲的一天了。

過年，男人們特許的賭博日

而男人們呢？

往往從除夕那天開始屁股就黏在麻將桌上，打通宵是常有的事，彷彿那幾天年假也是媽媽特地開的「通行燈」，是全村爸爸們一年當中唯一不會因為打牌而被罵的恩賜。

小林男人們普遍鍾愛麻將與「擲十八豆」，尤其是後者，因為時間短金額大，平均每注輸贏的時間不超過十秒，大概是所有賭博遊戲中最刺激、槓桿比例最大的一種，但也因為玩得太大，常常導致大贏大輸的結果，又不像麻將有技術性可言，完全憑藉手氣，所以老實講，個人很不推薦，畢竟看了太多不好的案例，以下也就不寫出它的玩法，以免誤人子弟，我們把它放在心中回憶即可。

全村都老少皆宜、大小注皆可的，非「搖骰子猜數字」莫屬了，尤其是小林商店門口，過年時一定會有一攤，而且往往是全村人氣最高的一攤搖骰子。而這攤，通常是過年前一週，父親與二齒伯合資當莊家的——春節限定搖骰子。

春節限定版賭場，錯過再等一年

按例初一天一亮，父親就會打開小林商店大門，搬出一張桌子，當起了搖骰子的賭桌，讓全村老少同樂，這確實是少數全家老少可以一起玩的春節限定賭博性遊戲，而且保證只有在過年期間才看到，其他時間絕對看不到。

這個搖骰子的遊戲相信很多人小時候都有玩過。它的玩法非常簡單，首先莊家必須準備一張桌子，上面會有一張跟桌面同寬的厚紙板，通常是將家裡不要的紙箱裁下，然後在背面畫上代表骰子的六個點數。一到六點各一格，然後再準備三個骰子與一個小盤子及小碗，然後在莊家用力搖完小碗盤裡面的點數後，就由玩家猜測裡面的點數再壓注，押中一顆數字得一倍，中二顆就賠二倍，三顆就三倍，全部沒中籌碼就是莊家的囉，非常簡單明瞭！

而六中三在機率學裡面理論上就是百分之五十，所以中獎率又高，實在不太會發生其他賭博裡面常見的大賠狀況，反而多半是小贏小輸，所以父母都會放心讓小孩來我家玩搖骰子，因為父親會讓膽子很小、賭注很小的婆婆媽媽及小朋友也能參與，所以小時候常見有小孩拿著一塊錢、五塊錢在下注，小朋友如果下大注，例如一百塊，反而還會讓父親出言質問，擔心是瞞著家人跑來大賭一番。

當然，如果發生檯面上只剩小注、現場只剩黃髮小童的狀況，通常就是父親的休息時間，這個時候，就是小林商店的小少東—也就是我，出馬的時刻了，畢竟殺雞焉用牛刀，小孩的事就由小孩來解決吧！

從我有記憶開始，我家在過年期間就是全村最大的賭場，是的，父親的豐功偉業又要再記上一筆，他連春節限定版的賭場都開過了，真想知道，父親到底在小林村還有什麼沒嘗試過的行業呢?!

初二，小林女兒通通回來了

而到了初二以後又是另外一種場景，因為嫁到外地的小林女兒通通回娘家了，這時村子內就會立即出現陰盛陽衰的龐大氣場，在在告訴你，為何小林平埔族會是母系社會的原因。

不知是因為風水關係還是基因，在小林村那一輩多子多孫的，通常會是女孩遠多於男孩，例如：多桑有四子（二子夭折），卻另有九女，我的小學同學阿滿是排行第八，八個全部都是女兒，她父親直到生到阿滿才放棄要有男丁的念頭，因為已經連生八個女兒了，再生下去她媽可能也「凍未條」了。

所以小林村自古以來就是女生多於男生，因此初二回娘家這天，就會看到很多很久不見的姊妹相聚一堂，與老朋友、老鄰居敘舊，每戶人家前面的「埕」一定停滿了各式車輛，從轎車到貨車都有，此刻，會再將小林村的熱鬧氣氛帶上另一波高潮。

所以多年後，當我在頭七法會聽到：「我連後頭厝都沒啦！」的小林女兒心聲後，更覺得重建小林村是我責無旁貸的責任，因為，我一定要讓他們有一個娘家可以回家過年！

也因為在小林村過年的回憶實在太快樂與美好，所以在小林村還在的那些日子，從來沒有一次在外地過年，因為那樣的氣氛與味道是無法取代，也無法復刻，我相信這個大團圓的記憶活在每個小林人心中，不管年華老去、歲月無情，那些在建忠店裡打電玩、大埕放鞭炮以及小林商店搖骰子的回憶，終究永存心中，而我還是那位，搖著骰子的小少東。

第一台電視機

楊麗花大戰黃俊雄

小林村第一台電視機，老一輩的小林人都看過這台電視，
那是一台不算大台的黑白電視機，
尺寸換算大約只有十幾吋大小，跟一台 ipad pro 差不多，
與現在動輒四十、五十吋的電視根本無法相比。
但這台電視機卻是那個苦悶的年代，小林人少數的娛樂，
也因為這台電視機，有了許多溫馨的故事。

在民國六、七十年代，電視機在農村地區仍普遍屬於奢侈品，只有少數人家買得起看得到。我不清楚這台電視機是父親哪一年買的，因為這已經是我出生前的事了，從大我十八歲的大哥口中得知，這至少是在民國五十八年以前就買的電視機。

父親將這台電視機擺放在店門口外面，最靠近騎樓的商品櫥窗上，並不是朝內給自己家人看，反而是對著馬路邊，讓過往的行人都能看的到。完全可以想像當年剛擺好電視機，大哥爬到家後面的電線桿架好天線時，全村那炙熱期盼的眼神，想必就算是播出全天下最無聊的政令宣導片，都可以讓大家興奮個半天吧！

後來看的人實在太多，父親乾脆在電視機前的擺了好幾張椅子跟一張長板凳，當然也有不少人會自備板凳前來，尤其是遇到自己想看的節目時，還會一邊扒飯一邊看。

全村為看金龍少棒奪冠，大哥半夜起床開電視

民國五十八年那年正好是台灣第一次有棒球隊打進世界級的比賽，那支球隊叫做台中金龍少棒隊，參加的則是第二十三屆威廉波特少棒賽，台中金龍少棒隊首戰加拿大代表隊以5：0獲勝，第二場以4：3勝美北隊，決賽則以5：0大勝美西隊，勇奪冠軍，而早在遠赴美國拿到冠軍前，在亞洲區打敗日本而第一次拿到太平洋代表權時，整個台灣已經為之瘋狂，連當時遠在天邊的小林村都感受到這股棒球熱浪潮。

於是，金龍少棒隊的三場比賽台灣都在直播，連我家的雜貨店也在直播，但因為美國跟台灣時差幾乎差了十二個小時，所以每次比賽都是台灣時間的三更半夜。所以大哥都會在凌晨一點左右就被村裡等不及的年輕人叫醒，下樓開門開電視，因為此時的店門口已經擠滿了等著看金龍少棒隊勇奪冠軍的村民。

原來半夜起床為中華隊、為台灣棒球選手加油的熱情，即時歷經了一甲子，不管在台北還是小林村，從來都沒有改變過，那種感覺真是美好而雋永，歲月更迭，更令人懷念。

黃俊雄的史豔文與黃文擇的霹靂布袋戲

緊接著在民國五十九年，台視出現了至今電視史上無人可破的收視率紀錄，這部破紀錄的戲叫做《雲州大儒俠》，不是真人演出，而是由黃俊雄演出的第一部電視布袋戲，真正叫做「轟動武林，驚動萬教！」

因為據說它的最高收視率高達百分之九十以上，這幾乎等於同時間全台灣的人都在收看黃大師演出的史艷文、藏鏡人、劉三與二齒ㄟ等布袋戲偶，我幾乎可以相信，二齒伯很有可能就是在這部戲播出後，因為外型相似而被村民取名為「二齒」，因為布袋戲二齒的外型就是頭頂無毛、牙齒稀疏而得名，這確實跟二齒伯的外型是高度相像的。

所以可以想當然爾，當年每當播出《雲州大儒俠》時，小林商店店門口那萬頭鑽動的熱鬧，畢竟謝神一年才一、二次，電視卻可以連看五天，所以當年布袋戲一度被禁播時，小林人有多失望了。

等到我念小學時，電視布袋戲終於又捲土重來了。

民國七十二年，中視復播布袋戲，但這次是由黃俊雄的兒子黃文擇擔綱演出，青出於藍的黃文擇後來還成立「霹靂布袋戲」，讓布袋戲進入另一個世代，但我印象最深的還是那個我念小學一年級時，在中視演出的《新雲州大儒俠》與《苦海女神龍》了。

以前小林國小中午是讓小朋友回家吃飯的，但記得要在下午一點回到學校，遲到就要小心被糾察隊捉到然後罰站，中午就沒有午睡時間。

那時候每天中午十二點三台都是播出新聞節目，每天播半個小時，等到十二點半一到，店門口的板凳上就會陸續坐滿吃飽飯的小學生，把握一天中最期待的時光，因為黃文擇的霹靂布袋戲要上演了，從史艷文與藏鏡人這個經典角色展開，後來陸續出現了獨眼龍、刀鎖金太極、黑白郎君與幽靈馬車等等創新人物，讓布袋戲不再只是傳統的忠孝節義，更融合了金庸小說般的武俠世界，讓我們每天都像是讀武俠小說般的中毒，天天都要「追劇」，否則到學校沒看過最新一集等於是無法在男同學面前立足的！

但凡看過布袋戲的人都知道，最後五分鐘往往是最扣人心弦、最刺激的，因為仇人相見或決鬥往往是這一集的最後一刻才會發生，雖然明知今天一定不會有輸贏，但不管如何一定要看到最後一刻啊！

所以每次看到十二點五十八分收播時，就會看到我家店門口會有幾位小朋友狂奔而出，以競賽的速度奔回約六百公尺外的小林國小，當然跑的慢的三、四年級同學，往往在門口被糾察隊逮個正著，只好乖乖在教室外的走廊罰站，喪失了午睡的權利，這應該是為了看布袋戲而必須付出的代價。

母親的楊麗花歌仔戲時段

到了晚間六點半就換成另一群人集結，因為那是所有媽媽與阿嬤的最愛——楊麗花歌仔戲。這個時間一到就會看到母親，跟周遭鄰居的媽媽或阿嬤們一起出現報到，欣賞她們最愛的楊麗花歌仔戲，這可能也是一整天她們唯一可以放鬆的時間了。

畢竟當時的閩南語節目真的少得可憐，媽媽跟阿嬤們大多看不懂字幕也聽不懂國語，只有楊麗花的歌仔戲能讓她們用最熟悉的語言觀賞，還可以邊看邊討論，老是擔心同樣的問題，例如：演主角的楊麗花會不會被壞人害死？會不會跟許秀年有情人終成眷屬？

雖然我們都知道，第一主角楊麗花絕大部分的戲都不會死，就算會死，也一定會演到最後一集，但是每次看到媽媽們緊張擔憂的表情與對話，讓你不得不誇讚楊麗花的演技真是一流啊，可以讓媽媽們入戲到又哭又笑的程度！

父親的心思，都放在全村人身上

其實仔細想想，父親特地放一台電視機在店門口除了吸引人氣之外，我記得他說過：「因為村子裏環境不好的人比較多買不起電視，有一台電視機可以讓大家自己開電視、自己轉台，也是給人家方便。」所以即便這台電視機也是家裡的第一台電視機，但父親從第一天就一直讓它對著店門外播放，沒有一天是對內給自己家人看的。

或許，就像二齒之於國劇、媽媽們之於楊麗花，而我們小學生則著迷於布袋戲世界一樣，每個人不同的階段，似乎都有專屬於你的電視節目，而家裡那第一台電視機則提供了村內每個人專屬於自我的時光，而現在的電視節目何其多，卻反而找不到這種專屬一群人共同的電視時刻了。

現在留給我的，是那些跟同學們一起看布袋戲與陪媽媽看楊麗花的溫暖回憶了，不管多大，都好像是昨天的畫面一樣，是人生中最美好的相聚時光！

錫安山事件

那個年代的禁忌話題

小時候，我就知道有個地方叫做錫安山，
離小林村不到十分鐘車程，
對現代人來說，那是個觀光景點，
但是，它曾經是個敏感之地，甚至染上政治與暴力。
對於這個美麗的地方，卻充滿著矛盾而愧疚的回憶。

錫安，應該是出自於聖經的一個傳說，意思是耶和華所挑選的神聖之處，多年後在知名電影《駭客任務》中曾多次出現，僅剩的反抗者就是住在名為錫安的基地，然而我在很小的時候，就知道有個地方叫做錫安，它就是離小林村不到十分鐘車程的「錫安山」。

對現代人而言是個宗教聖地兼觀光景點，然而在民國七十幾年的時候，那可是個敏感的地名，甚至充斥著暴力、血腥，多年後回想，還是對手中脫手而出的那塊小石頭感到愧疚不已。

記得是念小學一、二年級左右，每當下課時就會有人來發傳單，那是很特別的傳單，上面大致寫著：「耶穌誕生的故事」、「神愛世人」、「若不信神，世界末日會降臨」之類的文字與圖畫，當時的年紀當然有看沒有懂，所幸我有一位念過大學同時也接觸過基督教的二姊，她於是大概跟我解釋了一下基督教的由來以及典故，我也才知道原來這些發傳單的人屬於新約教會，在當時不僅屬於新興教派，就連在基督教傳統教會眼中，都屬於異端，不見容於當時多數舊約教會系統，所以當地人都管他們叫「新約教」。

當時因為新約教選擇在離小林村不遠的「雙連堀」開墾，同時以上帝揀選為名取名為錫安山，由洪姓領袖帶著教眾就地開發，由無到有，據說也是非常辛苦，沒水沒電，什麼都要自己想辦法。

後來不知因何觸怒了當時執政的高層，也許是因為宗教因素，又或者是因為土地開發的法令因素，還是在當年看起來很偏激的言論所導致。總之，當時的政府決定：「一舉殲滅，通通不准再回錫安山！」於是，小林村成為警察與軍人重兵佈署之處，因為要進入錫安山，需要入山證才能進入，也就是一定要經過小林村莊尾的檢查哨。

硬闖檢查哨，善良的村民意外涉入歷史事件

那一個晚上衝突的經過大致是如此。一台滿載新約教眾的老巴士要強闖檢查哨，村民聞訊均趕來阻止，因為那時的新約教被政府宣傳成邪教異端，會對小孩子造成不良的影響，所以父母跟學校都嚴格禁止我們跟他們教徒交談，再加上「雙連堀」原本就屬於小林村民開墾的範圍之一，種種因素就讓村民們在警察趕到前自願在檢查哨形成人牆阻止巴士前進。

後來警察也趕到了，現場也聚集了全村至少超過一半的村民，連我們這些小學生也通通都到了，整個村子鬧哄哄的，現場鼓譟聲不斷，交錯著警察大聲公的喝斥，要求巴士立刻回頭，否則就要動用警力驅離之類的。

突然間，巴士開始試圖衝撞檢查哨，前面可能有不知道是警察還是村民被撞倒了，突然間鼓譟聲更大了，於是開始有村民撿起石頭丟擲巴士，警察也奮力地揮動警棍攻擊巴士的窗戶，一時間玻璃散裂各地，眾人紛紛掛彩血流滿面，所有人都沒想到居然演變成群毆的攻擊事件，當然，警察的優勢與工具還是優於新約教徒的，因此教徒受傷的人數與程度還是遠高於警察與村民的。

這個事件在當時好像鬧的也很大，隔天還上了新聞，但隱約只記得新聞是寫著：「新約教硬闖檢查哨攻擊警察」這類的報導方向，所以對混在人群中也對巴士丟了幾顆石頭的我而言，好像是盡了國民應盡的義務，與警察伯伯一起打擊犯罪的成就感，當時的小小心靈實在覺得與有榮焉，全村的村民都成了幫助警察打擊犯罪的無名英雄，直到多年後帶著當時的女朋友到錫安山遊玩時，我從小的認知完全被推翻一空。

多年後重入錫安山，見證歷史的印記

那時的錫安山已經變成了一個知名景點，有非常多的遊客慕名而來，看看他們是如何在這裡實踐他們的理想，讓這裏從滿片荒蕪變成美麗的伊甸花園，然而比風景更吸引我的是，他們在介紹開墾故事的同時，有著滿滿對當時執政的蔣經國、國民黨政權的控訴。

但更讓我吃驚的是，小時候那次的義舉，阻止新約教徒進入檢查哨的照片赫然在眼前出現，滿滿都是教徒血流滿面以及巴士被打得慘不忍睹的放大照片，但卻看到一套觀點全然不同的論述，這樣的畫面再次給了我震撼。

那時的我已經上了大學，也早就經歷了解嚴、開放探親、報禁與黨禁等台灣的民主開放時刻，所以對言論自由與人權等觀念與日俱增，但看到那些血淋淋的控訴照片後，沒有辦法想像自己當初可能是幫兇之一，不只是因為丟了那顆石頭，更是因為長大後同理了許多當年並不了解的事情，這件事也一直放在我的心中，一直沒對外人說過。

其實在那次衝突事件後，錫安山居民與小林村民相處日愈融洽，我們班甚至也出現了第一位錫安山來就讀的同學，但對於當年的檢查哨衝突事件還是難忘。

最後，高雄錫安山真的很美，絕對值得一訪！

第二章

惡水降臨，小林村就這樣消失了

一整夜的狂風驟雨，震撼全台的災情傳出……
不斷地查證、聯繫，換來的只是更無助的等待，
終於，在媒體上看見了、證實了……
一夕之間，村裡的這些人與那些事，
只能追憶。

回家，身負重任

一定要蓋一個更美的小林村！

「為何會返鄉投入八八水災重建？」一直是許多人很好奇的問題，老實說，我自己也沒有標準答案。

但說起來，包含我的家教甚至我的童年都有影響，但若要講最關鍵的一件事，莫過於八八風災前一年父親的離世，讓我提早體會了人生至痛至難就是學會對至親的離開放手，之後，你才算完整了人生的試煉。

而我的父親，正是扮演最後一堂課的導師。

再來，就是看到那則「小林人搶直升機」的新聞所帶給我的震撼，我難過的不只是報導方向而已，而是從新聞中發現我的族人完全陷入一片憂傷與慌亂，失去了與政府部門溝通及與媒體對話的能力，我知道若不能在災後幾天內迅速成立自救組織，同時取得有利籌碼，後續在媒體關愛褪去後，我們將面臨更為艱難的挑戰。
等到舉辦頭七法會，發現一個近五百人罹難的「國殤」儀式，中央政府竟連一個主祭官都沒派，我的忍耐到了極限，從此，我被歷史的洪流往前推，直到現在……。

面對父親的離開

人生最重要的一堂課

童年的回憶和父親給予的家教，是我成長過程中的重要養份。
而八八風災前一年父親的離世，
讓我提早體會了人生至痛、至難就是：學會對摯親的離開放手
之後，你才算完整了人生的試煉，
而我的父親，正是扮演這最後一堂課的導師。

有很長的一段時間父親就像一座大山一樣，保護著我、疼愛我，呵護著我慢慢地長大，我也一直習慣著有他的陪伴，家人常說：「阿爸最疼你啊！你去說他都會聽。」這好像已經是家人中公認的事實。好像只要出自我的口中，不管多不合理的要求，阿爸都會應允。而我，好像也很習慣、很習慣，這樣的溺愛。

直到那天終於要面臨與他的告別。在醫院病床上看見的，不再是一座大山，而是一個全身插滿各種維生系統，猶如風中殘燭的老人，我才清楚意識到，他，我最愛的阿爸即將放開我的手，往另一個世界走去。

我焦急地抓著醫生的手問：「真的沒有任何治療的方法嗎？任何方式都可以！」年輕醫生看起來不像是主治醫生，我也不清楚他能否理解，此刻，就是此刻，你即將失去至親，失去一個至今為止對你最重要的人的那種心情。

就要失去您了，我只能躲在車裡痛哭

「蔡先生，我很了解你的心情，但是令尊是腦幹出血，加上之前也有小中風的病史，復原機率實在很低很低，加上年紀又大，實在不建議開刀，硬要開刀的話，也有可能在過程中就走了，那樣，你們家屬會連告別的機會都沒有……。」

彷彿可以預見我反應般的醫生，慢慢地鬆開我緊抓著的醫師袍，似乎理解卻又異常冷靜地說：「看看要不要好好陪他最後一段時間，或者，用維生系統維持他的生命，直到最後，你們可以放手的時候……。」

離開醫院後，我開著那輛二十年的老爺車，漫無目的地慢慢開。終於，我隨意把車停在路邊，停車的原因不是我找到了方向，而是我早已止不住我的眼淚，從默默流淚到嚎啕大哭，哭到視線已看不清前方的道路，只能把車停在馬路邊，把音樂轉到最大聲，好讓我自己假裝聽不見自己哭聲般的，趴倒在方向盤上，放聲大哭，彷彿要用盡身上每一份力量哭泣，因為我好捨不得您、我根本不想放手、為什麼這麼快就要失去您……。

回憶起，每一次對我的溺愛

我在車上整整哭了一個小時，哭到眼淚乾了、聲音啞了，只剩身體的抽蓄，我卻彷彿又感覺到，此刻的您正坐在我的身旁，輕輕撫著我的肩膀跟我告別，如同我小時候最喜歡賴在您的大腿上，讓您抱著跟村民一起坐在店門口，看我們家的那台公共電視機。又好像，您每次到甲仙開會留下來跟朋友打通宵的麻將，但是一定會記得，到鄉內唯一的一家錄影帶出租店，租我最愛看的小叮噹，等我起床時一定會看到小叮噹的錄影帶就放在我的身旁，還有一旁剛入睡不久的您。

還有從小到大，因為我跟您的農曆生日只差二天，您是元月十四日，我是十六日，所以就選在元宵節這天一起過生日，讓我在很小的時候就沉浸在眾人祝福聲與切蛋糕的歡樂氣氛中，享受著那個年代的孩子幾乎沒有的慶生儀式。

而我這輩子，竟沒親自為您舉辦過任何一場慶生活動。

我也記得那一年剛創業時發展不順利，公司資金周轉有困難，過年回到家我不敢開口怕您擔心，只好故意不包紅包給您。果然您在初二時忍不住找我去問話，沒有責怪，只是擔心地問著：「你是不是有困難？不然哪會不包紅包給阿爸？」

我低頭不語，以沉默取代了答案，接著您就問：「啊，現在你需要多少？」完全沒有過問經營的事或阻止我再投入，如同以往的每一次，繼續溺愛我，讓我只想用最好的表現回報您的信任。

我知道，您的溺愛背後代表的是對我極大的信心與信任，也是爾後讓我願意不顧一切投入小林村重建的重要原因，因為我相信，您一定會支持我這麼做並且以我為榮。難怪，哥哥姊姊總是說阿爸偏心最疼我，嘴巴總說哪有的我，一直很清楚：「阿爸，謝謝你這麼疼我，讓我有幸當你的囝囝！」

在醫院陪了父親一週，跟天下所有的孩子一樣，總盼著那理性上清楚不會降臨的奇蹟到來。而奇蹟當然沒有到來，那七天成了我跟您相處的最後時光，我總是對著已經躺在床上、全身插滿各種維生系統的您，不停地講話，因為醫生說您「可能」聽得到，所以我就努力地說，好像要把這一生父子的情感與內心話說個夠才肯罷休，只因為您，可能還聽的到。

父親上的人生最後一堂課

那天在病房裡，大哥突然對我說：「其實阿爸每次都很開心你載他來醫院就診，只是你每次回家都睡太晚，不常這麼做，但每次做，我都看得出來他特別開心。」聽完話的我無語，內心除了愧疚還是愧疚，自從在台北求學、就業乃至創業後，我已經很少回家了，結果竟連這麼簡單的事我都沒做到，也沒觀察出您這麼期待我們父子單獨相處的時光。

不到半個月後，父親走了。但很奇妙的是，自從那一天的下午在車上跟父親告別以後，我就很少哭了，因為我知道阿爸的囝囝已經長大，我相信他的力量與當初十四歲一個人隻身來台的勇氣，會一直伴隨著我，讓我有能力面對所有未知的考驗與挑戰，直到下一代的誕生與成長。

父親的離開，是我生命中最重要的一堂課，曾有一位來自香港的朋友就曾在八八風災後對我說：「你父親其實應該早幾年就要離開了（父親之前確實二次病危），但是老天知道你還沒準備好承擔大任，所以等到八八風災前一年，才帶走了你父親，你父親的圓滿也是你的開始。」

說這話的是一位女士，我不記得她的名字，但我記得她是與馬英九總統的姐姐馬冰如女士一起來看我們的，確實，如果不是父親在八八風災前一年先離開，讓我先修好人生這堂生離死別的必修課，我想，我也無法在八八風災這年面臨父親與母親同時離開的打擊，然後還能有勇氣站出來成立自救會，帶領族人一起面對爾後的種種考驗與難關。

如果，沒有這一課的修練，我是辦不到這件事，以及爾後十年的考驗。

謝謝您，我最摯愛的阿爸，如果有下輩子，讓我們角色對調，換我溺愛您吧！

和母親的最後告別

沒想到那通電話，竟是最後的聯繫

八月八日，小林滅村前一天，也是第一個沒有父親的父親節，這天突然想打電話給母親，告訴她，我會準備搬回高雄，希望以後能多些時間跟她相處，略盡孝道。

說了再見掛上電話，卻沒想到，這也是最後一次聽見她的聲音。跟母親說的最後一句話是：「我想搬回高雄去！」

父親離開後的第一個父親節，因為剛好遇到颱風來襲，決定不回去過節。這天是星期六的中午，跟當時還是女朋友的太太吃完午餐後，突然起念去永和一間香火鼎盛的土地公廟拜拜，那時已經創業了幾年，但是一直沒有固定拜拜的習慣，女友常常念我，說大自然的力量很奧祕，一定要虔誠一點之類的。但我還是依然故我，不常拜拜，只是很奇怪的，那天突然有種想拜拜的念頭，於是準備了簡單的祭品就往那間土地公廟出發。

完成祭拜儀式後，有感而發的跟女朋友說：「反正我們做的是網路產業，應該在哪裡做都一樣，要不要乾脆搬回高雄？」女朋友愣了一下，回問我：「為什麼？」我說：「只是突然有感而發啦！想說我爸也走了一年，我媽也七十幾了，如果可以的話就離她老人家近一點，有時間可以多陪她一下，不然哪一天又突然發生什麼狀況，我會覺得自己很不孝，也會終生遺憾。」

女朋友點點頭說：「好啊，就看你怎麼決定啊！」

「那就這樣計畫吧！看能不能這一、二年把公司業務衝起來，然後就搬回高雄，反正高雄房子也比台北便宜很多啊！」我說著。

於是，我拿起了手機撥了此生最重要的電話之一，如果沒有打這通電話，我可能會內疚一生，但我卻萬萬沒想到，這竟是我跟母親最後一次通話。

尋常的一聲再見，竟成永別

「喂，阿母哦，我阿諭啦！」電話裡傳來熟悉的聲音：「喔，阿諭哦，你那裏有下雨嗎？要注意哦，我這下足大的雨，下不停，怕會像去年卡枚基風颱這樣做大水。」

母親一如既往的永遠是先擔心我這邊的情況，「會啦！我台北這都沒事情也沒下雨啦，對啦，我剛剛跟珮欣講，想說這一、二年搬回去高雄，以後就有機會常回去小林啦！」

我其實忘了母親的口氣有沒有特別開心，畢竟多年來她是善於偽裝情緒的，不管苦和樂，她總是習慣往肚子裏吞，父親那一輩的觀念總把妻子的付出視為理所當然，而忽略了自己另一半的感受。

「好啦，你那有想清楚都好啦！身體要顧飯要準時吃哦，這樣我要去店前面巡巡啦。」我說著：「好，我知啦，您要好好保重哦，再見！」

人生中最重要的兩次道別

人一輩子要說無數次再見，但這之後我卻只記得二次。一次是父親從醫院送回家的那個晚上，一個人在客廳陪著他說話，有種感覺那是跟他這輩子父子緣的最後一天，於是我親了父親額頭，流著淚跟他告別，清楚的知道，這聲「再見」之後，就是永別了。

但另一次跟母親的這聲「再見」，當下我卻完全沒意識到這會成為我們之間最後的告別，因為再過十八個小時後的八月九日，小林村竟發生了完全無人可預料的世紀大災，近五百位親友從此天人永隔，而掛掉電話前的這聲再見，就成為我跟母親之間，最後的告別。

我這輩子永遠會記得，在香火鼎盛的土地公廟前，八月八日的這通電話，同時，還有我來不及說出的愛。

小林沒去啦！

來自三姊的那通急促的電話

颱風天肆虐，電視上出現了災情報導，台東知本一間飯店被連根拔起，台北只是微風細雨，三姊的電話打來之前，我壓根想不到我的家，可能已經消失了。然而，小林村出事了，這個說法，幾乎已經是事實。

電視上正在播出的畫面是台東知本「金帥飯店」倒榻的即時畫面，那驚悚的一刻讓人震驚於大自然的力量，也慶幸著還好沒有人員傷亡，飯店顧客跟員工在倒塌前就已經全數撤離，還好，真是不幸中的大幸！

這一天是八月九日中午，台北，依舊微風細雨的，完全無法感受到台東是怎樣的狂風驟雨，才可以將一家大飯店「連根拔起」沖進知本溪。我繼續一邊看著新聞一邊吃著午餐，完全無法意識到接下來發生的事，會完全改寫我的人生規畫。

三姊的電話：「聽說小林全庄沒去啦！」

下午三點多電話響起，是三姊打來的。「喂，姐哦！」電話裡傳來的是三姐焦急的聲音：「阿諭啊，聽説小林出事情啊，電話都打不通，要怎麼辦啊?!」我回答著：「打不通?!不是作風颱都會斷線嗎？這很正常吧，每次風颱來都會這樣啊！」

「不只這樣啦，之前是市話不通手機還會通，這次都不通真奇怪，還有，有小林人在傳説『小林全庄被埋去啦，什麼都看不到了！』對啦，是你二姊夫建利聽他朋友講的。」

「全庄埋去?!」我一聽就可以判斷這是毫無可能的笑話。

「是誰在胡説八道！哪有可能全庄埋去，你説淹水還有可能，就算這樣，咱家是三樓，在怎麼淹水也淹不到三樓吧！」

我說的是實話，我家在小林村算是最高的建物之一，再加上位處高地，怎麼樣都不可能淹到我家三樓，就算淹水，二哥也會把媽媽揹到三樓，不會有事的，這一定是無聊的人傳出的謠言，不然，就是地點搞錯了，一定不是小林村。

「好啦，聽你講也有道理，應該不太可能才對啊！可能真的是搞錯地點了，晚一點我再打打看。」說完掛上了電話，是啊，應該就是單純搞錯了，連台東雨這麼大都才倒一棟飯店，怎麼可能整個小林村被埋了呢?!

無法忽視的不祥預感

五點多再打給三姐，她說還是沒打通，連住甲仙的大哥也聯繫不上。七點多，我的廚房突然淹水，水從排水孔倒灌了出來，我趕緊找了家附近的水電工幫忙處理，那時台北已經開始下雨了，但雨勢還好，所以很快就找到熟悉的水電工劉伯，劉伯說是因為垃圾塞住了排水管，通一下應該就沒事了，果然，從排水管清出一堆垃圾後，積水就通了。「老屋子都會這樣啦！要多注意別讓垃圾流下來就好。」劉伯意思意思的收了三百塊，順便交代了幾句。

是，我知道老房屋問題多，但，我幾乎沒讓垃圾從這個排水孔出去過。

有種不祥的預感，就是一種不好的感覺，為什麼連絡不上小林的家人，又聽到奇怪的傳言、接著住了快七、八年的永和老國宅，突然會水淹廚房，心頭突然湧上一股很不祥，卻又說不上來的感覺，我不禁想到，難道是媽媽來通知我出事了？

我不喜歡這種感覺，也不想有這種奇怪的第六感，所以我必須趕快找到確實的資訊，證實這是錯誤的消息。

ＰＴＴ討論版——小林村一定出大事了

我焦急地上網搜尋各種可能的資訊，想起「ＰＴＴ批踢踢實業坊」有個颱風資訊交換討論版，於是立刻登入這個臨時討論版，期待找到任何資訊，推翻我腦中浮現的各種負面猜測，很快的我馬上找到一個、應該也是唯一一個，關於小林村的留言串，上面寫著：「請問有人知道小林村的現況嗎？」

我立刻點了進去，看見內容寫著：「你好，我是住在高雄縣甲仙鄉小林村的人，聽人說小林村整個被掩埋了，我的爸爸、媽媽都在裡面，請問有人知道現況嗎？這是真的嗎？我很著急，有人知道可以跟我聯繫嗎？謝謝。」署名馬大駿。當我在全國最大的討論區都看到小林村類似滅村的留言後，我就知道，這絕不是空穴來風，「小林村真的出事了！」

我立刻發了訊息給馬大駿，很快就知道他是住在我家斜對面的徐銘駿，是小我幾屆的小林國小學弟，姐姐是我同班同學徐梓潔，據他轉述，他也是聽到有人說「看見」整個小林村都不見了，是住在小林村第八鄰也是最高處五里埔的同學跟他說的，我聽到之後只覺得頭皮發麻、雙腳無力。

天啊！這不再只是傳言了，已經有人清楚精準的用「看見小林村整個不見了」的字眼描述眼前景象，如果是真的該怎麼辦?!我還沒搬回高雄多陪陪媽媽、媽媽還沒親眼看見我結婚、抱抱我的孩子，這一切，我都還沒準備好，老天怎麼可能這麼殘酷，幾百、幾千條人命啊！

電腦另一頭的馬大駿跟我同時沉默，我想，我們可能同時在哭泣，在電腦前、網路世界前，兩個小林村的孩子，同時在台北這個城市，憂心著，再也看不見他們從小長大的家、村子，還有最愛的家人。

「到底是怎麼發生的？」這近於好萊塢式的災難片劇情，成了我接下來最大的疑問，但我也沒想到，小林村這三個字會變成我接下來十年，甚至是一生的職志，至少，此刻這仍是我無法想像的未來。

只剩下四十四位倖存者

五百人的小村莊一夕全無

原來人生最可怕的不是失去，而是害怕失去前的等待與煎熬。

自從八月九日晚上九點多開始得到更多的資訊後，

我再也無法以平靜的心情看待小林村疑似滅村的消息了，

因為它極可能是真的，而且是台灣天災史上第一件，

整個村子「被消失」的案例。

於是，一夜未眠。

八月十日早上八點多，我立刻打電話給可能想的到、網路上搜尋的到的任何政府救災單位，不是一無所知，就是再提供另一個號碼、請我再聯絡另一個單位，忙了一個早上，沒有得到任何已知或可靠的訊息來源能證實小林村滅村，不過，沒有消息就是好消息，我對小林村的存亡似乎又燃起一線希望。

下午，又陸續聽到來自二位姐姐的訊息，但一切似乎又指向不樂觀的發展。這次，據說已經有住甲仙的小林人因為聽到一樣的資訊、懷著一樣心急如焚的心情，而決定步行走回小林村一探真相。而傍晚，聽說這位小林人哭著走出來回到甲仙，此刻我知道小林村不見了，不再只是荒誕的想像，而極有可能是一樁真實發生的悲劇，而我的媽媽、二哥一家三口，也在其中。

你所能做的，只剩下等待。

等待的煎熬，讓人夜夜失眠

這種不確定家人生死真相的等待心情，沒有經歷過的人是無法體會其中的煎熬，爾後每當我看見飛機失事、地震搶救的相關新聞時，都會將我帶回到那幾天，重新感受生死一線間的煎熬感。

那天晚上，依舊無法成眠，縱然白天已經因為擔心不知掉了幾次眼淚，但我總還是希望一切只是個誤傳、是個玩笑話，我相信，這確實是有可能只是一個被誇大的災情消息，其實根本沒這麼嚴重，一定是有人看錯了。

那一晚，女友特別留下來陪我，交往多年，她是第一次看我這樣，這跟父親走的情況很不一樣，畢竟他是接近八十歲的高齡，又有過往的病史，雖然很痛，但心裡總知道那天會到來，只是需要調適。但這次不一樣，我的家人目前可能生死不明，或許正在某處等待救援，人都還活著只是沒有人去救他們，一想到這裡，我的心就會揪在一起，可是我什麼也不能做，只能等……。

蘋果日報頭版：「高雄縣小林村疑似滅村，一千人生死不明！」

八月十一日早上六點，我因為擔心而整夜失眠，於是一早就到巷子口的便利商店買報紙，希望多了解一些災害的資訊。但當第一眼看見《蘋果日報》的頭版標題時，我幾乎只能接近絕望、無力且發抖地看著那斗大的標題寫著：「高雄縣小林村疑似滅村，一千人生死不明！」

這就像是宣判了死刑一樣！一切僅存的希望，都在這無比沉重的標題下，破滅了。

我顫抖著，拿著這份平常只看體育版及娛樂八卦版的報紙，彷彿由它親自宣告了小林村死刑，對我而言，那不再只是一則新聞，更像是一則訃聞，讓我像個局外人般的，接收了來自母親以及二哥、二嫂及小姪女的死訊，此刻，我只能無力癱坐在沙發上，放聲大哭。

在台灣這麼大的媒體會用頭版、且這麼聳動的標題：「疑似滅村」，一定要有經過相當的查證與官方可靠消息來源才可能刊出，否則豈不是賭上整個報社的信譽，拿千條人命換取銷售率！

但人類似乎又有一種天性，對於不想面對的事實，尤其是親人的死訊，總會想盡各種辦法讓自己維持一種最低限度的希望。於是小林人間開始流傳出各種存活版本：

「聽說是淹水，人都已經往高處躲了」

「可能是土石流，但目前已經由村長帶隊往那瑪夏的隧道躲著」

「聽說房子是倒了，但是人都有逃出來……」

伴隨著媒體的「傳言」與適度的誇大能力，不斷地提供新的希望，給予電視機前的視聽大眾與焦急的小林人。

從八月十日開始的每一天，小林村村民的生死都是新聞台的頭條或獨家，但對我們而言只有一個意義：「挑一個傳言報導相信，讓自己維持一點點希望，以求讓自己有當天活下去的力量與吃東西的動力。」

從電視上「親眼」見證的事實

直到四十四位倖存者陸續被直升機搶救到旗山國中操場時，羅潘春美阿姨一手抱著剛滿月的孫子，一邊哭喊著：「都沒去啦，整個小林全沒啊……」她顫抖著身子，哭嗓地喊叫：「小林整個全沒去啦……」偌大的操場上都聽得見這聲叫喊，與來自小林人內心集體最沉痛的呼喊……「真的，都沒去啦！」

「小林沒去啦！滅庄啦！」操場上焦急等待的幾百位親友哭成一片，原本想在現場等到奇蹟，盼到自己的親人被直升機救下，但卻只等到，倖存者一遍又一遍的重複述說著：「都沒去啊！整個小林都沒去啊，只剩我們四十四人啦！其他的人攏總沒去啊！」

操場上，數百人此起彼落的哭聲與雨聲，彷彿是場大型的五子哭墓，這一幕，我也在電視機前的另一頭，哭得不能自已。

這一天，是八月十一日。

災民變暴民

小林人搶直升機？

電視上的畫面，熟悉的面孔，成了暴民。

「災民失去理智」、「災民動手拉扯、甚至毆打國軍」……一個一個聳動的標題，讓人不敢相信自己的眼睛。

了解原委後，同學的一句：「村子需要你，你能盡快回來嗎？」從此，我踏上了返鄉投入自救與重建的行列。

自己會投入初期的自救會以及後期的重建工作，跟一個小故事有關，或者，該說跟一則新聞有關。那時大約是災後第三、四天左右，應該是八月十一、十二日，電視新聞不斷重複著：「災民失去理智，企圖搶直升機！」的聳動新聞。

那時小林村民已大致知道且無可選擇地接受滅村的事實，只是心底深處，總還期待著，那麼一點奇蹟與神蹟同時降臨的妄想，希望家人目前仍然平安地躲在某處等待救援，而我們就是那個知道他們會躲在哪裡的人，因為，我們是家人。

此刻，我終於明白古人所說：「活要見人，死要見屍。」的背後含意，原來是要我們死心跟學會放下。

在這則新聞跟畫面不斷重複出現在各家新聞台的同時，我大致看到了：「災民變暴民」、「災民失去理智」、「災民動手拉扯、甚至毆打國軍」的類似字幕，有的甚至是從主播口中說出，連電視機前的我看了都忍不住揍皺眉頭，想著為什麼要搶直升機？不能好好跟國軍溝通嗎？

不久後，我的國小同學梓潔給了我答案。

真的是暴民嗎？媒體呈現未必真實

「那是阿謀，品岑的哥哥。」阿謀我當然認得，大概大我二屆，小時候很會畫「紙布袋戲」，在那個瘋迷布袋戲的時光裡，他跟建秋曾是我心裡小小的偶像，紙布袋戲畫的好極了。

「那，他怎麼會突然去搶直升機？這個行為會讓外界印象不好啊！」沒想到梓潔立刻打斷我的話，她本來就是心急口快的個性，小時候，都被認為是小男孩而跟男同學玩在一起。

「事情跟電視上講的都不一樣啦！」氣憤未平的她把原由說清楚。

「雖然說倖存的四十四個人已經救了出來，我們大家心裡也有底，小林全村應該是『凶多吉少』，可是問題是，電視上播出來滅村的畫面都不是小林村啊，那地點是靠近甲仙的『四社寮』，不是我們小林。」

「對，沒錯，那個畫面不是小林村，小林人一看就知道啊！」我回應說。

「所以我們當然還抱有一絲希望，很有可能小林沒有滅村，只是大家搞錯地點誤會了，這樣是不是還有最後一絲機會？」

我同意這個想法，假如你根本沒拍到小林村現況，我們怎麼確信就是滅村了，或許，滅村的另有其處，小林人還活著。

所以現場指揮官就說了：「不然這樣好了，下一趟直升機搜救回來後，我們讓你們一個小林人上去，你們的人帶我們的搜救隊員去找，這樣就不會搞錯了吧！」

於是，阿謀一個箭步往前搶先說：「我去！」堅定的語氣背後，其實是佈滿血絲的眼睛跟接近二天二夜沒有闔眼的疲憊，而且，沒有人跟阿謀搶，大夥很有默契地同意讓阿謀代替全村的人去看看小林村是不是真的滅村了。

「為什麼是阿謀？」我困惑地問梓潔。梓潔幽幽地說：「因為他最慘。」原來阿謀在小林村除了父親跟母親外，他的老婆跟兩個小孩也都在小林村，很有可能都已經不在了，一家五口，全部是至親。「大家都能體諒他的心情，所以都有共識讓他親自去看看。但是……」梓潔話鋒一轉。

「是他們出爾反爾啊！說好回來這趟就會載阿謀飛去看看，他一定不可能搞錯小林在哪裡，而且重點是，如果連最慘的阿謀都認為小林真的滅村了，我想，在旗山國中的幾百位家屬也都會願意接受這個事實了，那我們大家也才會死心。」

「結果直升機回來後又改變說法無法載阿謀上去，我們又多等了一趟，還是不願意載阿謀，最後阿謀才會整個大失控，演變成『災民搶直升機』的衝突跟斷章取義的新聞畫面了。」梓潔最後說：「只是載一個小林人上去看看，同時把正確地點的畫面拍回來給家屬看看，幾百條甚至上千條的人命，這樣的要求過分嗎？」

「怎麼可以把我們說成暴民呢?!」

造成二次傷害的媒體提問

與梓潔掛完電話後，她的話一直在我心裡迴旋。為什麼災民最後常常會被形塑成暴民？是確有其事還是只是因為災民的情緒一時難以接受，同時又溝通不良所造成的？

而且到現在為止，我在新聞裡好像都只看到記者問著同樣重複又不具有建設性的問題，雖然我知道這很難免。

「請問你住小林村嗎？」這不是廢話嗎？

「請問你有家人在裡面嗎？」如果沒有會哭的這麼慘嗎？

「請問你有幾個親人在小林村？」接著你會聽到從幾位至親到幾十位家族的不同回答。

然後，這題實在是我最常聽到，如果他自己有一天變成當事人，他就知道這題目實在沒深度又或只是為了拍到「落淚」的畫面。

「請問你現在的心情如何？」

我必須強調，在後來接受過許多的採訪後，也確實遇到很多很專業、有深度的主播或記者，做足了功課才跟你做採訪甚至專訪，但很多災難第一時間派駐現場的往往是年輕記者，沒有災難採訪經驗又缺乏同理心，加上怕犯錯，於是就問了前面這類的問題，殊不知道，這極可能造成家屬的二度傷害與現場的情緒崩潰。

村子需要你，你能盡快回來嗎？

或許正是因為這樣，不久後我打給梓潔，我說：「這樣下去不是辦法，既然滅村已經是事實了，趁著現在全國都很關注我們，我們一定要把我們對造成滅村的質疑大聲向國人說出來。」

「還有最重要的是……」我吸了一口氣說：「我們未來要不要重建小林村。」

「你，能不能盡快回來？」梓潔說。

「我想，我們會很需要你，你是全村唯一念法律的，口才又好，又在台北待過這麼久時間，知道怎麼跟媒體應對，現在，我們很需要這樣的人幫忙，尤其是，你也是小林人，也有家人罹難，一定最能懂我們的心情。」

「嗯嗯，我知道，我大概有一些想法，也許日後要盡快成立『自救會』這樣的組織來緊急運作，統一訴求並建立對話管道，才不會莫衷一是，讓人覺得小林村很亂，沒想法。不過現在最重要的，就是在短期內一定要把我們『徹查滅村真相』、『捐款重建小林村』這二個訴求傳遞出去，這段時間是非常重要的『媒體黃金時間』，錯過這段時間，以後就更難有媒體願意幫我們發聲了。」

「現在大家多半已經接受了滅村的事實，預計三天後會在甲仙舉辦頭七法會，你趕得及之前回來嗎？」梓潔問到。

「會，那就麻煩你先幫我找幾個跟我們年紀差不多的，頭七那天會需要請他們幫忙，其他的，就我來負責吧！」

我最後說道：「反正，從頭七開始，就要讓社會大眾看到我們的訴求。」

我要讓社會大眾知道，災民不是暴民，也不會是一盤散沙，他們只是難過到，不知道怎麼表達而已。

回家的路

這一次，連我都不知道該怎麼走

往年回家，就是一趟放鬆的旅程，
想著媽媽的拿手好菜，想著可以和久違的家人碰面……
怎麼樣也沒想過有一天，
回家的路，竟會如此遙遠。
甚至，已經不知道回家的路該怎麼走了。

從八月十日後陸續救出的倖存者口中，以及愈來愈多的小林人以徒步的方式走進小林村，親眼目睹一切後，所有人再也無法用不切實際的希望繼續欺騙自己，於是小林人匆忙地決定在八月十五日，也就是罹難者的頭七這天舉辦法會，以免他們找不到回家的路。

只是，我們的家已經全部沒了，我們要怎麼告訴他們回家的路呢？連我們自己都不知道回家的路怎麼走了……。

就在前一天，我離開台北往故鄉的方向前進，災後甲仙大橋已經被沖毀，加上台南玉井往甲仙的台20線、高雄杉林往甲仙的火山橋也都是中斷的狀況，所以甲仙的聯外交通其實是完全中斷的，這也是為什麼一開始災民會全部安置在旗山國中，因為這裡起碼還是物資與人員可以進入，安全且最靠近災區的地點。

回家路上，過去回憶不斷湧現

沿途先在萬華載了大哥的二個女兒一起回甲仙的大哥家，暫時也只能先住大哥家了，人生第一次體會什麼叫「無家可歸」的感覺……。

開車的路上我一直想，怎麼會過了一個父親節，我的家人瞬間都沒了，我父母辛苦一輩子攢下的基業也沒了，所有小林村歷經百來年的遷徙與打拚而建立的數百戶家園也沒了。更不清楚，除了家人以外，還有多少同學跟從小認識的鄰居在裡面，連這一聲再見老天都吝嗇給了。

回家的路走過無數次，每次回家對異鄉遊子而言都是一趟放鬆與美食之旅，不僅可以睡到自然醒，而且每當中午起床後，餐桌上永遠擺滿你愛吃的菜，媽媽永遠會在這一天好好慰勞你的胃、滿足你想念已久的味道，不管是雞角刺雞湯、炸豬排、破布子煎蛋、炒桂竹筍等等美味，這似乎是每一個出外的小林遊子共同的回憶。

但這一次回家，卻再也吃不到媽媽拿手的菜，那從小吃到大既熟悉又專屬媽媽的味道，再也不復見了……。

家人說，多帶些泡麵跟水回來吧！

心頭想著，鼻頭有點酸，於是藉著聊天轉移心情，我回過頭隨口問了兩個姪女：「妳們甲仙的家還好嗎？聽說甲仙現在很缺乏物資是嗎？」

「我們家是沒事啦，只是好像前幾天沒水沒電，然後甲仙大橋又斷了，物資完全進不去，所以媽媽交代我們多買一些泡麵跟礦泉水進去，因為甲仙街上好像都已經買不到東西了。」

「是喔，這麼嚴重，還好……」我原本想講的是：「還好我們家是雜貨店，不怕沒東西吃！」但我已經意識到，這家六十年的雜貨店小林商店，也已經掩埋在滾滾土石堆下。

「還好，我們有多買幾箱泡麵跟礦泉水，他們不怕沒東西吃了。」我這樣跟兩個姪女說著，但，心裡卻一陣酸。

行經台南玉井路段，看到有幾處坍方才剛剛搶通，道路旁路基幾乎快被掏空，怪手也還在作業，示意我們稍等一下，等他挖一個段落再通過，看到路基流失的程度實在不難理解，為什麼南部的災情這麼慘重，雨，真的是太大了，難怪有人形容：「莫拉克颱風的雨像是用倒的一樣，一刻也沒停過！」而事實上是，莫拉克颱風所帶來的豪雨，是在三天內就把往常一年的雨量全下光了！

我幾乎快不記得是怎麼開著這台二十年的老爺車，顛簸地回到甲仙，除了玉井的路況走走停停外，最難的，還是要如何通過那條陪著我們長大的楠梓仙溪，因為在八月九日小林滅村時伴隨堰塞湖爆開的強大衝擊力，已經將小林村以下的所有大橋沖毀，包含甲仙大橋。

斷掉的甲仙大橋，落寞的芋冰之城

當時楠梓仙溪的水還是又大又急，根本無法架設臨時便橋，於是我們聽從大哥建議，走一條幾十年前沒有甲仙大橋時，前人走的老路——滴水。

我們只能捨棄原本三分鐘就可輕易到達的路線，而改走往旗山方向的寶隆路段，再從寶隆後方道路沿著往甲仙滴水的方向前進，自從有了甲仙大橋後，這段路除了當地人外已經很少有人在走了，我也只記得在很小的時候，曾搭過高雄客運走過幾次，長大後則再也沒走過，沒想到這次，是在這樣的情況下再走上這條小路。

於是從台北出發，曲曲折折的花了近七個小時才抵達，卻感受到一種前所未有的蒼涼感
壟罩著甲仙。「從小到大，是第一次看到這樣落寞的甲仙吧！」大哥平靜無奈地說著。

「是啊，以前颱風小林村變孤島的時候，甲仙是最近的安全地也是物資的供應地，沒想
到這次，甲仙自己也成為孤島，整個鄉的食物居然都快吃完了！」

我回憶起以前念書的景象，每逢颱風，小林村通往甲仙的山路必斷，所以物資都要想辦
法從甲仙供應，萬萬沒想到，這次甲仙反倒成了孤島，而小林村，卻已經不在了。

「希望是這輩子唯一一次的經驗吧！」大哥望向天空，喃喃自語地說著。「嗯，我也希
望。」

「早點休息吧！明天一早五點就要起床進小林，頭七這天，我們要自己先回去拜拜，再
參加全村的頭七法會。」

「聽說，只能看到一片土了，還有剩下半棟的太子宮。」大哥有點哽咽地說著。

小林村青年回到家鄉招魂祭拜，這樣的場景在那些日子裡屢見不鮮。
圖片提供／簡文敏

看不見房子的故鄉

小林村從此只能眺望

八月十五日，災後第七天，
也是小林村罹難者的頭七，
那是一場連遺照都來不及準備的五百人頭七法會……
而那一天，卻也是小林村重建的起點。

這天一大早就起床準備，大約四、五點吧，我們從大哥家出發，搭乘大哥友人開的四輪驅動吉普車，回小林遺址給媽媽與二哥一家祭拜，希望他們記得來甲仙參加頭七法會，跟一起長大、一起經歷生死的五百位至親好友，一起回家⋯⋯。

這場頭七法會籌備的匆忙，可能是極少數，連遺照都來不及準備的頭七，正確地說，許多父母根本沒想過替自己的小孩準備遺照，有的小孩甚至都還沒上小學、甚至剛學會爬，還不會走路。這場意外真的來得太突然、太叫人心碎了。

回家，只看見一整片的土石

一早，大哥友人很準時地出現在門口，我是第一次見到這位大哥，但感覺上就是個很豪爽的人，跟我們甲仙的感覺很像。雖是第一次見面，但這位大哥還是很費心地幫我們把準備的祭品一一搬上車放好，由於甲仙暫時聯外道路全部中斷，所以也買不到像樣的祭品，真的，就連平常初一、十五拜拜準備的都比這天的祭品豐富，想來就覺得心酸，為自己至親準備的最後一餐竟是如此寒磣。

因為甲仙通往小林村必經的四社寮大橋也中斷了，所以我們同樣要走一條很久沒走的老路──內芎蕉，而且因為路況很不好，所以一定需要四輪傳動車，否則可能就會半路折返或讓車子陷入前進後退皆不得的困境。

即使做了萬全準備，沿途還是遇到好幾個路段必須下來幫忙，才能順利通過，回到小林村。正確地說，只能眺望小林村，因為整個小林村已經完全遭土石掩埋，所有的道路中斷，人與車根本無法正常通行，所以我們把車停在「倒追仔」上面。這是小林村通往五里埔前一個爬坡的地名，以前開車回家，到了「倒追仔」，你就知道自己離家不遠了。

車停在路旁時，已經看見有不少村民前來祭拜，有的是認識的面孔，也有許多不熟悉的臉孔，大概都跟我一樣吧！為了求學或工作很早就離開小林，漂到各個城市去，只是，家永遠在小林。

雖然心裡已經做好了心理準備，但是眼前的景象，還是讓你驚訝地說不出話來。

埋掉的還有我的心，與小林人的一切

基本上如果不是小林人或在地人，你根本不會相信在眼前的黃土底下，居然埋藏了一座曾是世外桃源的小村莊，因為除了泥濘的土石與穿梭其上、橫行無阻的水流外，哪裡還有一點村莊與人跡的樣子呢？

我們的母校小林國小呢？那迴盪笑聲與童年的操場安在？還有我們的北極殿與康樂台呢？那熱鬧的廟會與布袋戲可還上演著？蚊子電影院前的板凳與「蚵仔嗲」還在嗎？還有家家戶戶前的「埕」是否還有小朋友在嬉戲著，打著彈珠、玩著跳橡皮筋，媽媽還會衝出來抓著小朋友回家嗎？

還有我家的小林商店、陪著小林村民五十多個年頭的小林商店，門口的公共電視機可還播映著？電線桿上的「放送頭」是否還呼喚著山上的小孩快下來接電話，外出打拚賺錢的媽媽打電話來找心愛的寶貝了？

這一刻，埋掉的不只是小林村，而是我的童年、我的歡喜悲苦、我的家人、我的親友、同學、我的回憶，我之所以為我的，一切的一切，都隨之埋葬了……。

在最能看見小林村的一個坡道旁，地上早就灑滿了金紙，還有零零散散的祭品，跟許多小林人喜愛的香菸、檳榔等，或者只有最親的小林人才了解，這些外界眼中不健康的食物也是我們共同成長的記憶，今天，也不能缺席。

改變小林村地質的兇手——越域引水？

簡單的祭拜儀式後，路邊有幾位像是記者的大哥走了過來跟我們閒聊。

「你們應該都是小林人吧？很遺憾，發生這麼嚴重的災情。」

「是啊，我們家都在小林，人在外地工作，才能逃過一劫。」我說。

於是這位《中國時報》的郭大哥就在徵求我們同意後，進行了簡單的採訪，隨後，又有一位《聯合報》的藍大哥也加入了採訪，看的出來，這些在地記者其實心情也很沉重，因為都來過小林村，實在也不敢相信眼前看到的一切，自然而然的，也聊起了山崩可能的原因。

「你們在地人怎麼看呢？覺得最有可能的原因是什麼？」

「今天這個山崩，我們小林人完全不敢想像，怎麼會好好的，只是下比平常多的雨就崩成這樣，以前小林村雨再大也幾乎都不會淹水的，但是自從去年卡枚基颱風後，似乎就變得不一樣了。」

「去年你們小林村淹水跟土石流很嚴重，我還有印象，你們自己有想過是什麼原因嗎？」記者大哥們也都有共鳴。

「去年卡枚基颱風，對小林村而言可說是百年大災，村子裡的長輩都說：『長這麼大，小林村沒有過這麼嚴重的災情！』全村大淹水跟三分之一的屋子都有土石流的情況，淹水到膝蓋算輕微，嚴重的還淹到脖子，人只能往二樓跑，土石流附近的住戶更誇張，比人大的石頭都滾進來家裡了，據說當時超可怕的，萬幸的是，上次沒有人罹難，但沒想到，今年，就一次全部都帶走了。」

我接著說：「我問過很多人，為什麼以前好山好水的村子，這幾年全都走樣了，除了極端氣候造成的超大豪雨之外，大家共同指向一個最有可能的元凶—越域引水」

記者繼續追問：「我知道這個工程，當初鬧得很大的「反美濃水庫」案後，水利署提出的替代方案就是『越域引水』，也就是引東邊荖濃溪的溪水到西邊的旗山溪，再送到曾文水庫，解決枯水期缺水的問題，你們為什麼會認為是這個工程的問題？」

「因為很多人都有聽到『炸山』的爆炸聲啊！有些人的家裡甚至梁柱上會因此飄下落塵，而且這一、二年據說炸山的次數愈來愈頻繁，也是自從有了越域引水後，小林村才連續兩年發生土石流、淹水，甚至今年的山崩滅村。所以，我們共同的疑問就是：『越域引水工程究竟是不是造成小林滅村的元凶?!』還有，你做這個工程的意義何在？明明冬天的荖濃溪也是水量不多，你這樣破壞大自然的規律，硬要炸出一條隧道的實益何在？實在讓人有太多疑問了」我將疑慮清楚表達。

「嗯嗯，我懂了，小蔡，如果你有心幫村子裡的人做事，替自己五百人村民的死查出個水落石出，你要去找那家媒體才夠力！」說完，郭大哥比了對面路邊的二位記者：「他們是CNN，如果你能把聲音傳遞到國際媒體上去，這個政府才不敢吃案、大事化小最後不了了之。」於是，就在郭大哥的介紹下，接受了二位遠從美國來採訪的CNN記者的採訪。

這次的採訪，所引發的後續效應，遠超過我當時所有的想像。

登上CNN

讓小林村向全世界發聲

頭七的現場，除了悲傷的小林人，也有著來自各地的媒體。

小林村的現況，不斷地被播送著，

但是，不能只有這樣。

我不能沉浸在悲傷中，我必須站起來、挺身而出，

我必須替小林村發聲，讓全世界都看見。

在《中國時報》郭良傑大哥的介紹下，我們與CNN的記者接觸，他們共一男一女，男的攝影師是外國人，女記者則是華裔人士，但不會說中文，所以還有一名台灣翻譯隨行。就像每個第一次看到小林村慘況的人一樣，若不是有照片對照，根本認不得那偌大的土石堆下原本竟然有著一個和樂自得的小村莊。

連跑國際新聞多年的CNN記者都瞠目結舌、大感吃驚，直說很少看到這麼嚴重的災情，嚴重到連一間房屋都看不到，喔，不，應該說還有半棟，真的就是半棟。

做了簡單的自我介紹後，CNN記者也問了一下：「原本土石堆底下的村子大約有幾戶？」「我有多少家人住在裡面？」「我們覺得有可能是甚麼原因造成這麼大的災難？」「現在的心情怎麼樣？」也許剛好悲從中來，當她問到：「How do you feel now?」的時候，原本不善於說英文的我，竟脫口而出：「I am so sad，yes，very sad.And now，I lose my family、my school、all my friend，and my memory.」我停頓了一下，壓抑著想哭的情緒，說出了這次採訪最後的一句話：「They are all gone.」

是的，他們全都，不在了。

我萬萬沒想到，這段採訪畫面成了當日CNN的重點新聞，並且不斷地被各家海內外媒體引用播放，給了當時執政的馬政府極大的國際壓力，也成了日後政府積極重建的一個重要觸媒。

看盡人情冷暖的奔走過程

結束了CNN的採訪後，我們就循原路回到甲仙，準備參加一早舉行的聯合頭七法會，但我完全沒有閒下來，我拿出這幾天準備好的筆記，並且打給了在台北時就一直保持聯絡的小學同學梓潔，因為我知道，今天是最好的機會，我們必須把握今天全國媒體都在場關注的機會，好好把我們的心聲跟疑問，大聲地講出去，讓全國民眾都看到。

我聯絡了梓潔，請她先幫我找幾個人幫忙，並且準備白布條跟麥克風，我會負責去把標語印出來，再請大家幫我黏在白布條上，同時也去跟鄉公所借麥克風，但之後發生的事卻讓我感觸良多。

我跑到了甲仙鄉公所要商借麥克風，並請他們幫忙印出陳情標語，就是印A4尺寸的字體，一張一個字，鄉公所同仁看了標語後認為不妥，就委婉拒絕說印表機剛好故障，接著要借麥克風設備，同仁詢問要做什麼用途，我回答說：「等一下要請鄉長致詞啊！這麼大的事情當然要請鄉長出來說幾句話啊！」我說的是真的，當下我真的只是要請鄉長出面替我們主持公道說幾句公道話，實在沒想到日後會發展成後來的對立。

但詭異的是，鄉公所同仁通報後回覆說：「麥克風設備故障」我聽到都快昏倒，有沒有這麼剛好，要借的東西全都故障，最後同樣身為鄉公所公務員的大哥說：「不然你去跟某某課長借，他應該不至於不借。」於是一波三折後，我們終於借到了一組大聲公，雖然很克難，但至少比沒有好，就在確定功能正常可以使用後，我趕緊將大聲公交給一個人託管，接著就要趕緊去把陳情標語印出才行。

來不及挑選的遺照，相館老闆邊洗邊掉淚

來到大哥講的這家照相館後，看到滿滿的人潮在排隊，原來他們都是小林罹難者的家屬，因為這場災難來的太突然，多數人根本沒有為家人準備照片，也就是俗稱的「遺照」，只好臨時到了會場附近，才跑去相館印。讓我很感動的是，照相館老闆宣布這一天完全不收費，他說：「這種錢他實在賺不下去。而且，很多人都是他認識的。」他也是邊洗邊掉眼淚，沒想到一次走了這麼多朋友。

我印象最深的一幕是，我看見好幾個年輕媽媽用電腦跟手機挑照片，那時候手機已經有照相功能但智慧手機還沒普及，螢幕都是小小的，我抬頭看了一下，怎麼都是學齡前的小朋友，有的看起來才剛學會走路，有的讓阿公抱著祖孫倆笑得極開心，看來都是很歡樂的出遊照，難道沒有別的照片嗎？這時聽見媽媽噙著眼淚說：「不然就這張吧！裡面有我三歲女兒跟他阿公，他們是一起走的，生前阿公就最疼這個外孫女了⋯⋯」接著又說：「他還這麼小，怎麼會是我幫他準備『遺照』呢？」

我在旁邊聽著，眼眶也不自覺濕了，是啊，我們家的可欣今年才要上小學，誰會想到，

這麼小就要準備遺照呢？

之後因為其他原因，我又到了甲仙愛鄉協會，由愛鄉協會的夥伴幫忙印出這些標語與前一晚熬夜擬好的新聞稿，同時也協助我們將陳情標語製作完成。在這裡，我要特地謝謝這家照相館跟甲仙愛鄉協會的幫忙，謝謝你們當天給予最大的協助，讓我們能順利完成頭七的法會與陳情，尤其是已經到天上當天使的曾瑞昇。

瑞昇，謝謝你從災後一直給小林自救會的各種協助與引導，讓我們爾後可以面對一次又一次的轉型與挑戰，我跟很多人都欠你這聲感謝：「謝謝你！」也希望在彼端的你，能夠無病痛的開心做自己。

就這樣，陳情標語、給媒體的新聞稿，與現場臨時記者會使用的大聲公都已準備妥當，我要收起悲傷的情緒，在頭七法會結束後，大聲對全國民眾說出我們的委屈與不平。

是的，等下不能再掉一滴眼淚了。

五百人的頭七法會

供桌的數量，也等於悲傷的重量

七、八個籃球場大的大空地，數百人甚至上千人湧進，一張又一張的供桌上，是一個又一個離開的親人，家裡親愛的老人家、還不會走的孩子，都已成了遺照一張。小林人怎麼樣也沒想到，這一次回家會是這樣的場景。我衷心希望，在台灣這片土地上，不會再發生同樣的事情。

約莫十點，我們出發前往位在甲仙鄉公所旁的臨時頭七法會現場。說是臨時，但這個震撼的場面，相信任何人終其一生不會再見到，也希望，永遠不會，在台灣任何一個地方出現。

甲仙鄉公所旁靠近環河路邊有塊大空地，偶爾是舉辦大型活動時使用，不管是鄉公所的大型活動或是民間的婚喪喜慶都有，而今天，這裡是我們的頭七法會現場，五百人的頭七法會。

我一到現場就有種快窒息的感覺，除了擺得密不透風的供桌以及人潮之外，最主要的，還是那股悲傷的氣氛，我這輩子第一次清楚感受到「絕望」的眼神，也是在這裡。法會現場來了數百人至上千人，都是從各地返回奔喪的小林人。相信沒有一個小林人會猜的到，上次的返鄉成了生離死別的最後一眼，這次的返鄉，竟是為了參加至親的頭七法會，人生至痛，莫甚於此。

我想，這一天的畫面將會永久地烙印在我的終生記憶區，在我有生之年都不會忘記這一天所看到的場景，尤其是這一天的氣氛。

偌大場地竟放不下五百張遺照

空地連結環河路大概有七、八個籃球場這麼大，場地中央搭起了簡易的遮雨棚，畢竟這個季節正好是台灣最熱的時候，我們活著的人怕熱，也捨不得讓走的人曬到太陽，雖然我們也不知道，到底他們的魂魄有沒有過來，還是，仍然還留在現場，捨不得、也不甘心放下人世間的這些牽掛呢？

原則上每一戶分得一個供桌，有的人家裡人口實在太多擠不下，就會用到二個供桌以上，而供桌的數量，也等於悲傷的重量。

我家的供桌上擺著我媽媽、二哥、二嫂與小姪女可欣的照片，小姪女才六歲，正準備暑假過後就讀小林國小一年級，開啟她的求學生涯與童年，沒想到，永遠等不到這個開學典禮了。因為毫無準備，大哥大嫂只能倉促從電腦裡挑出幾張生活照，作為當天的遺照使用。

我依稀還記得，照片裡的可欣笑得開心，應該是近期拍攝的，拍的人跟被拍的人應該都沒想到，這張照片洗出來的目的竟是為了今天的法會，讓我忍不住再度鼻酸。

我在現場準備著等一下法會結束後的抗議活動，同時也穿梭在會場，一方面希望多找到幾位熟識的臉孔幫忙，一方面視線又忍不住望向供桌上的照片，深怕看到自己熟識的朋友與鄰居，雖然心中有底，但還是希望能看到幾位小時候一起長大、遊戲玩耍、游泳打球的同儕出現在面前，這就表示，可能願意參與自救、重建的人手又多了一個，也意味著，活著的小林朋友還多了一位。

在小林人的哀傷中，我準備著對外發聲

現場充斥著法師的誦經聲，跟沒有間斷過的啜泣聲，小林人看到彼此的眼神彷彿是：「謝天謝地，你還在！」的意思交流，但也沒有半個人問：「你家走了幾個？」因為不用問你也知道答案。

如果你看見年輕夫妻哭得特別厲害，我們就知道，不只他們的父母離開，可能連他們幼小的孩子也一起離開了，因為這個季節正好是暑假兼父親節，是一個孫子渴望回去鄉下、阿公阿嬤期待整天看到孫子的時刻，對於這些疼愛小孩又恪盡孝道的年輕父母而言，此刻，無疑是椎心刺骨的時刻，甚至直到多年後我為人父母後，我才真正了解他們當時到底有多痛！。

法會終於開始進行，熱心的宗教團體早從全國各地不約而同地前來，而此時的甲仙也終於揮別物資用盡的窘境，各種物資源源不斷地從外湧入，塞滿了鄉公所的室內空間，連國內、外的各家媒體也紛紛到了現場，這是甲仙有史以來最多媒體的一天。但愈多媒體我們只會愈覺得傷心，好像家裡辦喪事來了一堆不認識的人，甚至你的哭相會不斷被電視重播，哭的愈慘，甚至昏厥過去，就能被更多鏡頭青睞，成為日後災難史的一部分。唉，雖然很不樂見，但我也知道這是媒體工作者的工作，也是他們來到災難現場的重要任務之一。

但也因為如此，我知道，今天的頭七法會正是對外發聲最好的時機，百分之九十九的小

林人都在哭泣，但我不能哭，起碼不是這一天，我的眼淚老早在台北守著電視新聞、焦急等待音訊、以及確認滅村的時候流盡。今天我回來故鄉不是為了哭泣，而是為了幫助我的親友、族人，把我們的聲音傳出去，讓全國各地的人都聽到我們的心聲。

「我們不能讓小林人死的不明不白，我們要追出滅村的真相，如果有人禍，我們會窮盡一切力量讓他們接受法律制裁，還死者一個公道！」我心裡這樣告訴自己，一定要討一個公道，不論花多久時間多少代價！

再蓋一個更美的小林村回來

小林自救會初試啼聲

法會從早上進行到黃昏，一如我們的心情，從朝陽，到夕陽。
小林人心連心，手牽手，彷彿說著：「別怕，有我在！」
熊熊的火焰燃燒著金紙，大家臉上的淚沒有停過，
就是這個時候，小林自救會初試啼聲，
站出來大聲疾呼，小林村，我們會再蓋一個更美的回來！

整個儀式都按照台灣人的習俗進行，但其中有一幕讓我印象特別深刻，當所有儀式都進行完畢以後，按例，在世的人要把所有祭拜的金紙丟進金爐焚燒，但因為這次頭七的人數實在太多，多到根本就沒有這麼大尺寸的金爐可以一次性焚燒這些金紙，所以我們只能在戶外尋找一個場地，用鐵絲圍成一個大而簡易的圓圈，統一將金紙丟入焚燒，家屬則全部站在臨時金爐的外圍。

這時突然有人牽起了旁邊人的手，其他人也很有默契地依序牽起彼此的手，有的是你的家人，有的則是你的鄰居，也有的，可能因為種種原因，終其一生在小林村只見過幾面，包含今天。但不管是誰，當大家牽起雙手，圍成一個大圈包住更裡面焚燒金紙的小圈時，我看見許多人的眼眶都是濕潤的，包含我自己，那是一種家人互相慰藉的力量，透過手牽手，再將這股力量傳給另外一個人，彷彿告訴對方：「別怕，還有我在！」

這一刻，圓圈內的溫度很高，圓圈外的溫度，也很高。

燒完金紙後，我馬上請那幾位小林青年幫忙把準備好的白布袋掛出，依稀記得布條上的話是：「越域引水，政策殺人。」、「英九救災，真的很慢。」、「專案小組，追查真相。」、「救災究責，重建小林。」等等標語共四組，希望透過媒體的力量，讓輿論除了關心小林村到底有多少人罹難之外，也能多關心，追查造成滅村的原因，同時，也幫助我們重建小林村。

小林自救會的正式對外發聲

於是我們在會場中央拉起了大大的四組標語，同時也請人搬來兩張會議桌放在場地中間，為的是能夠站得更高，讓外圍的小林人與媒體都能看得到與聽得清楚所說的話，這是小林人第一次正式對外發聲，我們一定要把訴求傳達出去。

這時候的人群圍著中間的會議桌，我先請昨晚臨時推舉的自救會會長周柄橙大哥說話，周大哥簡單說完話以後下來在我耳邊說：「你等下自由發揮，想說什麼就說什麼，不用顧慮我們這些年長的，反正只要能多替小林人出頭的，你就放手去做，我們都會做你的後盾！」有周大哥這句話就夠了，這樣我這個發言人就能放手一搏、講該講的話。

接著我請鄉長上台（桌）講話，鄉長簡單的與小林鄉親問候，也對這個悲劇表達了遺憾與不捨，提到了劉村長與許多村民都是他的好朋友，他感到很不捨，接著話鋒一轉，鄉長突然加重語氣表示，雖然這個頭七法會辦得比較倉促、寒酸，但他保證：「接下來他會努力辦好二七、三七直到七七圓滿，大家說好不好？」

現場聽到零星的掌聲與不算小聲的回應聲：「好～～」迴盪在會場，此時，我再也按耐不住我的情緒了。

搶下鄉長麥克風的年輕人

我衝上台，一把將鄉長手中的大聲公搶了過來，我將嘴巴靠近擴音器，努力、用力地大聲喊：「這是我們要聽的嗎？這是我們要聽的嗎？這是我們要聽的嗎？」連問了三次，一次比一次用力，直到我聽到「不是！」的聲音瀰漫在整個會場。

我接著講：「我們要鄉長幫我們做的，不是辦法會！我們要知道，為什麼我們今天會站在這裡?!為什麼好端端的小林村突然整個沒了，一樣是下大雨，比小林村更危險、更多崩塌紀錄的地方為什麼都沒事，而小林村自從『越域引水工程』開挖後，開始變得多災多難，去年是『卡枚基』全村大淹水與土石流，今年『莫拉克』一次將小林村全庄收收去，可以請鄉長幫我們主持公道，追查真相嗎？」

「我們需要的是真相，不是法會，你們說對不對啊！」會場所有的小林人如大夢初醒般地用力、大聲地喊：「對！」一連三次。於是我回頭再將大聲公交給鄉長，跟全場村民一起，屏息以待他的回答。

我想鄉長一定突然被眼前這位暴衝的年輕人嚇了一跳。他認識我，正確地說，他跟我過世一年多的父親是多年老友，所以對我的態度一定很難置信，在這個重視人情倫常與輩分的農村社會，我的態度確實很不敬，但相較於全村近五百人的生命而言，禮數倫常早已顯得次要，也不是當時的我所能兼顧了。

相較於我的態度，我的問題一樣讓他難以招架，畢竟對一個官場老將而言，怎麼會不了解以下犯上的困難，一個小小的鄉公所如何調查甚至對抗整個行政體系，尤其當越域引水工程是中央核定案，由水利署執行。

我只記得，那一瞬間空氣是凝結的，環境的吵雜聲中卻又異常地安靜，每個人都期待著，鄉長能說出令人振奮的激勵話語。

可惜的是，鄉長沒能如預期般地說出：「寧可捨棄烏紗帽，也誓死與我們一起調查越越引水真相，還小林村民一個公道！」的慷慨陳詞，反而有些技巧性地想要閃躲這個問題，畢竟公然掀開潘朵拉盒子確實很冒險，加上同樣也身為公務員的立場，使得他不得不迴避我提出的敏感問題，只能不斷強調會盡力辦好後事，以及向政府爭取提高撫卹金等答案。

但是這樣的回答，當然無法讓我與多數村民認同，於是我再度拿起大聲公，堅定地向村民喊話，期望凝聚接下來全村的共識，同時化悲憤為力量，一起為真相打拚。

小林人要的只是一份心意

「幾天之前，我們還是有父、有母、有某、有子的人，但是現在，我們什麼都沒了，父母、子女、尤某，都沒去了，連要回的家也都沒了，這叫人如何接受！」此時，現場突然有女生的聲音喊出：「以後沒後頭厝給阮靠啦，以後過年沒後頭厝可以回去團圓啦！」話說完，現場已經出嫁的小林女兒通通哭了出來，對剛出嫁或縱然已出嫁多年的小林女兒而言，「後頭厝」無疑是精神與實質上最大的依靠，不管外面風風雨雨，娘家就是一個女人最大的靠山。

我一邊壓抑著自己的情緒，不想讓悲傷打斷我想說的話：「沒錯，我們連一個娘家都沒了，還沒結婚的，也永遠等不到父親牽新娘的手走紅毯，遊子再也吃不到媽媽煮的手路菜！」我接著說：「所以，今天政府一定要給我們一個交代，為什麼到今天，還沒有半個政府官員出面向我們慰問，給一個擁抱，親手交給你一個慰問金，我們要的不是裡面包了多少，而是一份心意，一份你關心小林人、心疼小林人的心意，對不對！」

「對！到現在還沒看到半個官員親自慰問！」現場氣憤聲難平。這確實是我們最大的疑問與憤怒之一，為什麼到今天沒有半個官員代表總統或行政院甚至高雄縣政府，出面慰問家屬，更不用談親自遞上一個，代表台灣人「壓驚」與「慰問」心意的紅包，甚至是今天的頭七法會，一個高達近五百人、堪稱「國殤」的頭七法會，沒有半個中央部會甚至地方政府的代表出席，僅由最基層的鄉長代表主祭。

我常在想，如果這件事發生在台北市，會僅由某位區長擔任主祭官嗎?!

「所以，我們一定要要求政府組成專案小組，徹查『越域引水工程』是否有弊案，以及是否是造成小林村今日慘遭滅村的原因之一，你們說對不對?」全場異口同聲地喊著：「專案小組，調查真相、專案小組，調查真相、專案小組，調查真相！」

我看見大家情緒的轉變，接著用極其堅定的語氣對大家說：「小林村既然沒了，那我們就努力再蓋一個，更美的小林村回來，好不好！」剎那間，我看見大家的眼神擺脫了法會時的悲傷與絕望，彷彿看見了新的希望，真切地相信下一刻我們就能重建小林村，眼神因而綻放光明。

我聲嘶力竭地連問數次：「再蓋一個更美的小林村回來，好不好？」全場就回應給我，同樣的聲嘶力竭：「好～～好～～～～好～～～～」

我們終於找到繼續走下去的力量了。

「追 查 真 相 ，重 建 小 林 。」

會後不到一個小時，我就見識到媒體Live的力量，有一名不願具名的善心人士，親自開著車從鄰近的台南過來，帶著一個麻布袋，裡面居然全裝著現鈔，指名要給小林村罹難者家屬，每人一萬，足足有近三百萬台幣，而從這一天開始，這樣的善行不斷，令人感佩台灣人的愛心與同理心。

藉這個機會，在此再次謝謝您們，當時給我們溫暖，即使過了十年，那份來自麻布袋的溫暖，仍覺激動不已，謝謝您。

▲小林人手牽手，好像在說，沒關係，有我在！
圖片提供／簡文敏、張家豪

▶大家自然地圍成一圈，看著金紙燃燒，也期盼離開的親人能安息。
圖片提供／簡文敏、張家豪

第三章

重建小林，找回記憶中的村落

小林人災後的悲戚與無助，不僅僅只是媒體上哭泣的畫面，那一整片被掩埋的家園，帶走的是小林人的全部。

我不能就這樣放著故鄉不管，必須讓政府聽到小林人的聲音，因為，我們的家沒有了。

戲劇化的三百六十五天

充滿感動與挫折的重建之路

在頭七法會後，小林人終於決定面對事實，不管現實多殘酷，我們終究只能學會面對與放下，同時收拾起心情，為了打造更美的小林村而努力。但由於這是台灣有史以來第一次因天災而大規模遷村的案例，所有人都在摸索中學習，而各行政部門、大型慈善團體及災民之間，在未取得高度共識，追求重建效率的目標導向下，卻可能犧牲了更完整、更有層次的重建藍圖，甚至因若干慈善團體的強勢主導，造成了與「災民自主重建」觀念下的衝突對抗，進而成為八八災後重建第一年歷史上不可抹滅的印記。

而歷史的偶然總會成為另一個必然，小林村在許多偶然因素的撞擊下，成為了一分為三的小林村，從此，那個恬靜優雅、怡然自得、充滿人情味的小林村，就此真正在歷史舞台謝幕。

第一年的重建過程是個充滿驚嘆號的冒險之旅，小林人卻也在過程中進行了獨有的「集體療癒」，手牽手走過了最難的災後創傷，而直到週年前的最後一天，老天爺才揭曉了祂為我們寫下的劇本。

現在，就讓我們回顧這充滿驚奇與感動的重建之旅吧！

總統終於來了！

災後第十一天，遲到的國家元首與承諾

媒體上沸沸揚揚的小林村災難，將近五百人罹難的悲劇，頭七法會時，只有鄉長出席，讓人不禁憤慨，終於，災後第十一天，馬總統前來視察，從一位遲到的國家元首，到親口承諾重建小林村的過程，讓人百感交集。

馬總統來的第一天是八月十九日，距離八八水災（八月九日）已經是第十一天了，面對一個近五百人罹難的重大災難，元首直到災後第十一天才出現在災難現場慰問災民，稱之失職並不為過，也確實是嚴重的政治誤判，讓他在八八風災後的民意支持度至少掉了超過百分之十五以上，且之後六年再也沒能回到執政第一年時的高峰。

所以我絕對相信，天災第一時間的緊急應變與高度同理心，絕對是政治人物的第一堂必修政治學分，如同我們懷念的蔣經國先生，腦中浮現的不正是他第一時間勘災時，站在淹水的馬路上慰問災民的畫面嗎？

當然也許是因為這樣的彌補心理，讓馬總統在後來的重建上願意排除萬難，私下「暗助」自救會，才能扭轉第一年由慈善團體主導的家園重建。

日後我有機會當面跟幫他安排行程的幕僚聊天，才約略得知當初為何這麼反應慢半拍，直到第十一天才到達當初災區的重中之重——小林村探視災民。

根據這個幕僚好友的說法是，其實他們當初不是不知道小林村疑似滅村的消息，只是透過行政管道向下求證的結果都是回報：「尚未證實」，因此幕僚單位才會做出暫時無須前往探視小林村災民的結論，所以才會發生連頭七法會當天，無中央政府代表主祭的離譜事件。不要說國家元首了，連行政院長官與高雄縣政府首長都缺席，讓包括我在內的村民都感到憤怒。

但我當時也不客氣地回擊：「就算不確定是否滅村或實際罹難人數，但光看那幾天的媒體報導也知道災情非同小可，就算不是滅村也至少半毀，就算沒有幾百人罹難也知道人數驚人，這麼多哭泣的臉孔、傷心絕望的眼神、甚至失控的行為，說明了這次災難的非同小可，你們還會安排他去台東探視幾棟沖毀的民宅災民，卻完全沒想到安排來旗山國中看看當時急需安撫的家屬、也不知道要參加小林村的頭七嗎?!」我不記得他怎麼回答，但……我記得很清楚的是他臉上尷尬無語的表情，彷彿是在告訴我說：「問得好！連我自己也不知道怎麼回答……」

我成了另類的媒體寵兒

而自從我在頭七法會現場暴走並衝撞地方父母官之後，從隔天開始立即獲得了媒體關愛的眼神，彷彿只要麥克風放在我的嘴巴前，媒體就可以得到他們當天需要的新聞素材與來源，因為眼前這位年輕人此刻的心理狀態充斥著：困惑、悲傷與憤怒，完全不理解，為何災後都過一個禮拜了，居然還沒見過行政院大家長與國家正副元首。所以那幾天最常被「堵麥」的問題就是：「請問你對於馬總統有什麼話說?」、「請問你對於總統這麼久都還沒看過小林災民，有什麼感想?」

「請問，我應該有什麼想法呢?」接著就是滿滿的火藥庫立即被引爆，因為我真的不解也很想知道：「為什麼全台灣的媒體都已經報導成這樣了，普世皆知的重大災情，連CNN

的國外記者都可以進來了，總統怎麼可以不過來看看大家呢?!」

終於等到馬總統

終於，在第十一天，在小林村與龍鳳寺，我們等到了馬總統。

而當天我意外「被消失」了一個半小時，導致下午一點開始的座談會，我直到兩點才抵達會場，那是另一個故事了。

當我抵達龍鳳寺的座談會現場時，現場早已被村民與各路媒體擠的水洩不通，顯然我的「被消失」，讓現場村民的情緒與媒體更加鼓譟。期待著我，又有什麼驚人言論，作為明天報導的標題。

我直接走向村民座位區的第一排，而眼前坐的，正是我們的國家元首與一字排開的各路長官，正當大家以為我會出現什麼激烈的言詞作為開頭時，我卻打開了一直背在身上的背包，拿出了幾張照片，是我的母親與二哥一家人的全家福。

我將母親與二哥全家的相片擺在馬總統看得見的位置，我說：「親愛的馬總統，相片裡是我的母親與二哥一家三口，我家總共四個人不幸在小林村遇到這場天災巨禍，目前可以確定的是，他們應該已經全數罹難了。至此，我已經成為一位沒有父親與母親的人，以後回家再也吃不到母親為特別我準備的家鄉菜，我也注定只能有一場，沒有父母參加的婚禮了。

馬總統，我知道您事母至孝，相信您一定懂得我的感受吧？」

此時全場鴉雀無聲，包括總統在內的所有人，瞬間從我到場前激昂的「下台」聲浪中，轉換為一種肅穆的氣氛，那種感覺像是，每個人都有強烈同感，也都理解，媽媽在一個家中的地位與意義，少了媽媽，家的味道，就不一樣了。

我甚至彷彿看見了，馬總統眼眶開始變得濕潤，或許，他真的懂我的慟與悲吧。

我接著說：「而這場天災的開端，居然可能是因為一件沒有實益的『越域引水工程』，還耗費人民納稅錢幾百億甚至上千億！我們知道雨很大、很密集，但為什麼一樣的大雨以前下在小林村都沒有發生災難，但自從『越域引水工程』開始之後，這二年小林村卻接連發生『卡玫基土石流』與『莫拉克滅村』二件大災情，這次甚至無情地帶走了近五百條人命！馬總統，您不覺得這件事巧合的太過分，更不用講花了這麼多的錢，只為了破壞地質、改變大自然結構這種荒謬的工程案！」

我看見總統拚命地做筆記，眼睛仍然注視著我，「馬總統，我知道這個工程案不是在您任內展開的，所以我能否代替這五百位往生者與台下這些痛失至親的家屬請命，請您成立專案小組徹查本案。」

「其次，由於小林村是台灣歷史上第一個整個村落遭到活埋的案例，我能否懇請馬總統，請您答應我『您一定會在任內重建一個新的小林村』，讓我們這些活著的小林人還有家，嫁出去的女兒還有一個娘家可以回，不要讓我們變成家破人亡與無家可歸的浮萍，您，可以當著我母親的面前答應全村的人，您願意當小林村的『馬大哥』，做全小林村民的靠山，一定會重建小林村嗎？」

此刻，我很確定，馬總統眼眶是紅的，那不是疲憊，是一種悲傷。

馬總統：「我在這邊莊嚴的承諾，我一定做到！」

在確定我放下麥克風後，他緩緩地站起身來，講出了當時令我激動萬分與感動的一句話，日後證實若當時沒有這個承諾，或許永久屋重建這條路會走得更久、更艱辛。

馬總統當著全村與全國媒體的面前說：「我在此莊嚴的承諾，這二個要求，我一定做到！」他繼續補充：「我雖然不清楚越域引水工程的細節，但我在此承諾，一個會成立專案小組徹查本案，還給小林村五百條寶貴的生命一個公道。同時，我也保證，我一定會在任內，重建小林村，還給大家一個家！」

此時，現場響起了如雷的掌聲，我的心情激動到不能自己，從事發後這些日子每天幾乎都只睡兩、三個小時、沒有好好吃過一頓飯，為的就是希望，如果小林村滅村事件有人為因素，不管付出多少代價，我一定要追查到底！還有，一定要替還活著、留下來的小林遊子、出嫁的小林女兒，爭取一個家！

不管如何，這次的歷史性會面至少有兩個意義，一是總統終於見了小林村災民，遲到總比不到好，不管在鏡頭前災民是多麼劍拔弩張地喊話，但一邊是國家元首，一邊是災民，雙方見了面給予溫暖與慰問，一定會化解某種程度的對立，從而後續才能建立良好的溝通管道，對長遠的重建才有幫助，畢竟「君愛民、民敬君」才能對事情有正面幫助。

我從中學到的是「對抗」是不得已但必要的刺激手段，但最終還是要建立長期而互信的平台，對整件事情的目的——重建小林村才有幫助。

第二個意義是，讓馬總統當著全國媒體與大眾面前做出莊嚴承諾：「任內一定重建小林村！」這個承諾當下或許很多人覺得沒什麼，只是應該做的，甚至很多人覺得不就是重建一個小林村，只要選定地點，為何需要這麼久的時間？

但當時我陸續收到很多有重建甚至遷村經驗的人忠告，包括九二一重建工作者，都告訴我：「重建跟你想的不一樣，求快只會考慮不周全、做的不夠完善，但造成的影響卻是一輩子甚至影響下一代子孫。」所以在參考過包括九二一地震重建的經驗後，從凝聚共識到完工，考量生活、教育、文化與就業等各個面向完整的規畫，個人認為以三年內為最適當的時間。

於是最後一刻，我毅然將「一年內」重建小林村，改為「任內重建」小林村，而最後一批入住小林二村的住戶，正好是災後一千天，距離馬總統首屆任期僅差五個半月。

當然，重建小林村之後會與慈濟大愛村有所牴觸而引起另一波社會擾動，則非當時我所能預見，此刻，有了國家元首在全國見證下的承諾，一種如釋重負的感覺終於釋放了我累積多日的疲憊，是該回大哥家好好睡一覺了。

一個「加油」事件，意外觸動政治敏感神經

總統座談會後的餘波盪漾

沒想到「加油」這兩個字，會在重建的過程中帶來漣漪。
一個加油，讓我差點趕不上與馬總統的會面。
一聲發自內心，充滿感謝的「加油」，
卻引來不同的期待與臆測。
我們要的很簡單，就是感謝願意幫助重建的人，
初心，不曾改變。

在與總統歷史性的會面及獲得承諾以後，其實發生了兩則跟「加油」有關的小插曲，這些插曲或許不是影響歷史主軸的關鍵，卻饒富啟示，所以特別寫下來，留給後世政治人物與像我這樣的素人參考。

第一個加油事件，是搭乘直升機飛到台南機場「加油」，而我，是機上唯一乘客。

這一天，總統一早先來到小林村現場祭拜，同時預計下午一點回到甲仙龍鳳寺召開座談會，聽聽災民的心聲。當天一早，我與村民一同在小林村原址附近的「倒追仔」等待馬總統，千呼萬喚聲中，早上十點半左右，終於盼到馬總統到達小林村，我們在現場沒有多談，因為座談會是安排在下午一點，總統這一趟主要是先來現場看看，當然他也被眼前震撼的場景震攝，假使沒有人說明，我猜他大概也認不得土石底下埋的就是小林村。

總統獻上了簡單準備的祭品，同時焚香祭拜，而現場也擠滿了許多聞訊趕來的其他災民，紛紛向總統控訴越域引水工程的不當，因而造成這次小林村與那瑪夏南沙魯村嚴重的滅村災情。

而我則在旁不斷反覆複習等一下的陳情要點，同時記在手上的小冊子，避免因為緊張而漏掉了，畢竟盼了這麼久總統終於來了，我一定要好好把握這個機會爭取小林的權益。

隨後十一點半多總統車隊便驅車前往甲仙龍鳳寺進行座談，突然間，一位將軍叫住了我，他表示是現場的指揮官，希望能帶我坐直升機到遺址上空視察，看看未來要如何進行疏濬工程，也就是如何把堆積在小林村原址與旁邊河道上的土石清淤。

說好到小林上空，卻載到台南

我當下第一個反應是：「這跟我有什麼關係？」精確地說：「這是現階段需要關注的事嗎？」災民情緒尚未平復，卻跑來討論河道清淤的工程？我猶豫了一下，覺得這不是最急的事，但還是不好拒絕對方，於是問了這位將軍：「我等下要趕到龍鳳寺開會，你們可以在十二點半之前送我到達目的地嗎？」將軍豪邁地回答：「當然沒問題，我們直接送你到座談會場。」

於是天真的我聽了這位指揮官的話，坐上了這台直升機，結果差一點趕不上這場影響深遠的總統與小林村民座談會。

等我一上機不到三分鐘，才剛飛到小林村遺址上空，駕駛突然立刻回頭跟指揮官說：「報告指揮官，沒油了，需要飛到台南機場加油！」我現場立刻大叫：「那不行啊，等你加完油都幾點了，那請你現在馬上回頭讓我在五里埔降落，我再想辦法自己去龍鳳寺！」指揮官馬上拍拍我的肩膀說：「小老弟，這可不行，如果回頭降落可能就飛不回去台南機場了，所以我們飛快一點，加完油再送你去甲仙參加座談會。」說完不等我回應立刻指揮駕駛：「趕快飛去台南機場加油，加油完再馬上送蔡會長到甲仙參加座談會！快！」

於是，我就這麼莫名其妙的被載到台南的空軍機場了。座談會就將在不到一個小時之內舉行，但此刻，我人卻坐在從小林村飛往台南的直升機上。

我到以前，不要讓總統離開！

我在直升機上焦急地如熱鍋上的螞蟻，但高空中手機完全收不到訊號，等到了台南機場手機恢復訊號後，我立刻跟大哥聯繫，同時請他轉達村民：「我沒回到龍鳳寺之前，千萬不要讓馬總統走！」

就這樣，直升機終於加好了油，指揮官還跟基地的同仁吃起了熱騰騰的包子當作午餐，順便問我要不要吃一點。但我哪有心情跟你吃包子呢！我現在只擔心我還沒回到龍鳳寺前，總統就離開了，也就是這個時候，我才不禁的懷疑這起加油事件可能不是烏龍，而是一個安排。

最後，我終於在快二點時抵達龍鳳寺，我三步併做二步地衝進會場，現場響起一片歡呼聲：「會長來啦！會長來啦！」，終於等到我出現了，而且，所有人的共同疑問一定是：「這麼重要的場合我到底跑去哪裡了？」當然，今天這本書已經清楚完整的交代了，我消失的九十分鐘到底去了哪裏。

從總統的姍姍來遲與直升機事件，讓我深深覺得，總統的幕僚長與幕僚團隊真的太重要了，好隊友不一定能加很多分，但豬隊友保證會失很多分！

喊了一聲加油卻藍綠歸隊

而第二個加油事件，則是我在總統給出君子一諾之後，在現場帶頭喊出：「加油。」而意外觸動了國人的政治敏感神經。

在龍鳳寺座談會馬總統做出莊嚴承諾重建小林，也同意成立專案小組調查「越域引水工程」是否為滅村元凶後，對於我返鄉目的的二大訴求等於都獲得了善意回應，於是在總統一行人起身準備離開座談會場時，為了鼓勵總統日後能專心一意傾注全力地推動重建工作，於是我下意識的帶頭喊了聲：「馬總統，加油！」現場村民也立即大聲意回應，跟著喊：「總統，加油！」連續數聲。

沒想到這聲「加油」竟是豬羊變色、藍綠媒體各自歸隊的開始。

現場小林村喊的「加油」是希望總統要加油，答應的事要做到，否則您已經遲到了十一天，後續承諾又沒履行，不只對不起四百六十二位小林村往生者，更是失信於全國。這聲加油，就是希望您把重建的工作做好，但聽在立場不同的朋友耳裡，就格外不順耳。

我的一位高中同學後來在電視台擔任攝影記者，因為八八採訪而重逢，在會場散場時立即把我拉到旁邊去，小聲地說：「你剛剛那聲加油可惜了，不然本來我們家主管很愛你，還交代每天都要訪到你。」我很驚訝，驚訝的不是他主管為何愛我，而是我只是說了一聲能為這件事情負責的人，請他以後為此承諾努力工作，給我們一個更好的未來與找出真相，這樣有錯嗎？

高中同學徐徐道來：「這你應該也知道，台灣是顏色分明的國家，這電視台嘛，難免有自己的立場，這是一定的潛規則，藍綠都一樣啦！」他也看出我的無奈，拍了拍我的肩膀說：「不用想太多啦，反正你記得，有機會的話，最後不要沾到什麼顏色，這樣各家新聞台都愛你，你才能擁有最多資源做事，如果你的目標是把事情做好的話，千萬記得哦！」同學像個老鳥一樣安慰我，一邊收拾機器跟我揮手道別，我想從明天開始，因為我身上貼了新標籤，大家見面的機會就少了，是該好好道別的。

至今仍疑惑，重建為何與藍綠有關

但我一直不懂的是，災後重建不是該不分顏色嗎？當執政者做不好的時候，我們可以嚴詞批判，如同馬政府救災失靈，遲遲未到災區，那我們開罵的有理，而且我罵得比誰都大聲；但如果執政者答應你的訴求，願意將功補過，努力協助後續，在這個時候，給他加油有錯嗎?!這時候不是應該放下你的顏色立場，給任何在這個位置上的人一點正面鼓勵，讓他願意為了你的事克服萬難勇往直前嗎？晚上，我的這聲加油成了PPT論壇的討論重點，過去我所做的事開始變得不重要，而「顏色」成為大家最關心的事。

十年過去了，我們改變了嗎？我不確定，但我只知道，太在乎顏色，吃虧的終究是老百姓，唯有當台灣真正進步到不分顏色只求把事情做好的那天，才是台灣真民主的到來。

而這也是為何選擇在十年後的今天才寫下這些故事，就是希望大家能用歷史的角度回顧改進，而不是再一次變成政治互打的工具。二個加油事件都讓我印象深刻難忘，明明是兩種身分、兩個觀點，卻不約而同希望我扮演或不扮演某種大家期待的角色，其實災民想的很簡單，只是希望有權力的人或媒體協助重建小林村，不就是很簡單的一件事嗎？

我與村民們的驚天一跪

為求媒體聲量的必要舉動

在馬總統到來的兩天前，還發生了一件重要的事件。

頭七法會當天，除了鄉長之外，

只有一位軍方的臨時代表前來與我們會談，

但是，這位沒有授權的代表，無法具體回應什麼。

為了小林村的未來，我與村民們公開下跪，

讓畫面透過媒體播送出去，希望政府能正視小林村的聲音。

其實這件事情發生在總統來小林村的前二天，但我回顧後也覺得是極重要的一個事件，所以還是決定將這則故事寫下來，跟大家分享。

頭七法會在全國電視SNG車全員出動的直播效果下，隔天行政院立即派了一位臨時代表前來甲仙與我們座談，因為從頭到尾就只見過這一次，所以任憑我再怎麼回想，實在也想不起他的臨時官銜到底是什麼？只記得應該也是一位軍方將領，可能是因為長官看了電視直播，發現火愈燒愈大，結果趕快就近派了一位正在救災的軍方將領，趕來與我們會談。

於是八月十六日早上十點鐘，甲仙鄉公所會議室被滿滿的小林人擠爆，因為大家都想聽聽，第一位官方派出的正式代表，會有什麼談話內容。

結果是，不記得談過什麼，也完全不重要。因為幾天後中央就成立正式的「行政院莫拉克重建委員會」，這個臨時代表就再也沒見過第二次了。但這次會談將結束時，發生了一件很重要的事，甚至成為日後影響了我們提出國家賠償訴訟的重要依據。

那就是當著全國媒體與國人的面前，滿場小林人的「驚天一跪」。

為了獲得媒體重視，全村一起下跪

那天的情形是這樣發生的，當會談進行到快結束的時候，我們已經感覺到今天的會談不會有任何結果，因為這位代表根本沒有獲得任何授權，連現場的媒體也大失所望，似乎覺得災民理性的不像災民，大家井然有序地排隊發言，雖然不時交錯著啜泣聲，但情形已經比前一天的頭七法會節制許多，也或許許多情緒都跟著頭七的結束而宣洩了，不管是悲傷還是憤怒。

就在會談即將結束的前三分鐘，我清楚地感受到今天將沒有任何實質進展，甚至連全程拍攝的媒體朋友都紛紛收起攝影裝備，準備收工剪接，就是那一剎那間的靈感，讓我決定採取一個驚人之舉。

我想起了那陣子鬧得沸沸揚揚的監察院長王建煊「專打老虎，不打蒼蠅」的宣示，也想起了那幾天好幾位新聞界大哥，包括：中國時報郭良傑、聯合報藍凱誠的耳提面命，告訴我：「電子媒體不像平面媒體，發言要精簡扼要，且要有重點，最重要的，如果有代表性畫面，他們一定會用！」

於是，我這輩子唯一一次的公開下跪，就在那一天發生了。

我拿著麥克風對著媒體的鏡頭大聲說：「王院長，我知道您說您只打老虎，不打蒼蠅，那我想請問您，五百條條人命的案子是老虎還是蒼蠅？如果攸關大老虎，請問您辦嗎？」我接著回頭看看在場的小林村民，手勢一揮，跟大家說：「咱全部跪下去，向王院長跪下去，拜託他對咱小林村主持公道，還咱一個公平！」

就在不到三秒鐘的時間，全場的小林人通通跪了下去，同時可能這個動作又觸發了大家思親的情緒，一時間，哭泣聲開始瀰漫在會場四周。

有的記者正準備收鏡頭，一看到自救會代表與全場村民突然下跪，全部媒體好像部隊下達口號般一致。「啪！啪！啪！」相機快門聲此起彼落，被沉悶會議搞得打瞌睡的攝影大哥也彷彿大夢初醒，準備收起的攝影機紛紛重新架起轉向，瞄準我下跪的畫面拍攝，今天的工作終於能夠交差了。

果然，這個畫面成為當天的頭條新聞。

請監察院王院長，給小林村一個公道

這個向王院長下跪請命調查小林滅村真相的畫面在不久後傳送到全國大眾面前，當然，也包括王建煊院長與監察院諸公。

於是隔天我就看到「王院長表示會主動調查滅村案是否有人為疏失」的新聞，後來我也在不久後帶著村民與陳情信一起到監察院拜會王院長，同時還有趙昌平與黃煌雄二位監察委員在場，也謝謝二位委員爾後展開迅速而公正的調查，成立了專案小組，最終做出了確有行政疏失的彈劾報告，成為我們提出國賠、乃至國賠勝訴的關鍵之一，再一次向王院長與二位監委表達感謝。

所以如果你問我：「這次的下跪是事先安排還是臨時起意？」我可以很確定的告訴你百分之百是臨時起意，就像我在頭七那天發狂質問鄉長一樣，都不是我事先可以預料的到。

但是我唯一可以確定的是：「就是我一定要替小林村死去的人發聲，也要讓外界清楚知道我們的訴求。」所以不管要我在媒體前做什麼（當然不能違法），只要能吸引媒體目光，願意替我們報導，我一定二話不說立刻去做！

我相信這個社會上仍然會存在著許多不公義的事，不管任何政黨或無黨籍的人主政都會，所以希望能藉這本書與本篇內容分享給，想替不公義平反或發聲的你，一定要謹記善用媒體與社群力量，才能更有效率地達成自己追求正義的目標，我們彼此，共勉之。

在甲仙鄉公所帶領村民向政府抗議，之後為求重視不得已上演了驚天一跪的劇情。

小林遊子的集體療癒

小林自救會成立

當我希望有年輕人站出來，加入自救會，
一起會小林村的未來努力時，
從第一個走出來的燕誠，到後面陸陸續續上前來寫下名字的每個人，
都讓人感動萬分。
而小林人也在之後發揮如家人般的支持情誼，
彼此扶持著走過災後的創傷時期。

我永遠記得那一天的午後，在跟國防部的臨時代表開會，以及全村臨時起意的驚天一跪後，小林遊子所帶給我的感動。

由於我深知不論是中長期重建事務，抑或短期內與政府的對話，乃至於接受各界善款與物資等等，確實有立即成立自救會的必要性，於是當天我們就在現場正式成立自救會，希望後續不論對外與對內，都能有更一致性與保障村民權益的做法。

於是我走到村民的面前，兩排的座位區滿滿都是人，甚至走道上也站了不少人，我對著大家說：「現在既然我們已經要成立自救會，我希望能夠有更多的人站出來，尤其是年輕人，村子發生這個事情已經是事實，但我們現在只能努力在這個最壞的基礎上，努力爭取到最好的結果。」

我停頓了一下，環顧四周村民的反應，大家都屏氣凝神的聽我繼續說：「所以，我需要更多人出來參與自救會，當自救會的義工、志工，現在，我希望有意願的人能夠站出來，走到前面這個講台，這裡放著一張白紙跟一枝筆，如果你願意擔任自救會的義工，請你在白紙上留下你的姓名與電話，我會統整資料後再跟大家開會，看看後續要如何分工合作，協助村子共度難關。」

結果，出乎意料的熱烈

坦白說，小林村一直以來就是個典型的農村社會，民國三十至五十年間出生的世代多數務農，五〇年代中期到六〇年代以後世代則以「工」占多數，因為當時的家境普遍不佳，所以小孩子國中畢業或最多高中職畢業就必須外出工作，除了降低開銷還能開始創造收入，挹注家中以便更年輕的弟妹求學，所以在這個背景下長大的小林遊子，對參與組織活動或文書處理等等公文往返是相當陌生的。所以當我的話一講完的時候，我感覺到現場一陣靜默，就在我準備再度拿起麥克風鼓勵大家參與時，我看見宋燕誠走了出來。

燕誠大我二屆，以前在村子裡就是一個孩子王，帶頭的那種，打籃球的時候我們常是死對頭，因為他很準，我也很準，他球風狂野，我球風規矩，所以常在被犯規後喊：「打手！犯規！」惹得他老大哥常常很不爽，嘴巴上念著：「摸一下也犯規，又不會痛！」然後把球很用力地丟還給我，其他人也會跟著起鬨：「這個打NBA的啦！都有受過專業裁判訓練，抓犯規最行！」、「啊，明明就打手才影響出手啊，哪有亂喊！」當然，這也是我們快樂的小林村回憶之一，而且在記憶深處，占據一定的分量。

結果還是跟小時候一樣，燕誠扮演著帶頭的角色，第一個走到台前，然後在那張寫著自救會義工的白紙下，寫下了「宋燕誠」三個字，還有他的電話。接著我看到了其他長年在外工作的小林遊子，一個個前仆後繼地走向講台，排隊寫下個人資料，成為小林村自救會第一批志工。

那一張紙寫得滿滿的，但滿滿的不只是名單，而是感情，我感受到所有小林遊子跟我一樣，都對小林村有滿滿的愛，都願意為了小林村，奮不顧身。

小林遊子彼此照應的美好情誼

第一批志工至少就有二、三十位，於是我們根據每個人的家族關係分組，例如在小林村算大姓的「潘」就由姓潘的負責統合資料，然後建立聯絡人資料庫，之後就由他擔任小組長，有什麼消息就由他負責傳遞給該家組成員，也需要他幫忙回答成員的疑問，我會負責將最新的消息整理後發給這些小組長，也是透過這套家族聯絡制度，我們幾乎是在很短的時間內建立起小林村罹難者與遺屬名冊，而且準確度還高於公務門，因為沒有人比我們自己還清楚家族裡走了哪些人、留下哪些人……後面之所以可以向政府與慈善團體的重建政策勇敢說不，同時獲得了艱辛的成功，就是要歸功於這套「家族聯繫系統」。

還有，小林遊子在組合屋發揮的「集體療癒」效果。

災後經過爭取小林村共興建六十六戶組合屋在臨時安置地，也就是後來興建為「日光小林社區」的基地旁。那時小林遊子扮演的角色就是彼此看顧，互為依偎，一起喝醉、一起講往事、一起流淚的家人身分。

因為大家都一樣失去了至親，那時的小林人一邊喝酒、一邊開著玩笑話：「現在小林村啊，父母或兄弟姊妹罹難的算輕傷，父母子女甚至配偶都罹難的才算得上重傷！」這是屬於當時小林人某種自嘲式的幽默，唯有活在當下的小林人，才懂這個話語的無奈，還有透露出的關心。

關心的對象就是那些「重傷的對象」，擔心他們想不開做傻事，所以，大家忘了自己其實也失去家人，私底下都特別注意這幾個「重傷者」的狀況，避免一不留神發生了憾事。

回憶就是下酒菜，乾杯就是療傷

那時，常常會以燕誠等幾個人為首，晚上聚在一起，在其中一人簡陋的組合屋裡，煮幾樣菜大家簡單吃，當然，少不了幾瓶酒的，昔日小林人與酒的緣分就很深，更何況是在，這個非常時期。

於是大夥一邊喝酒一邊聊天，一開始的話題圍繞著八月九日前後那幾天發生的事情，有人提到他聽到消息的時候覺得是無稽之談，等到愈來愈多人說他才覺得不妙，匆匆忙忙約了朋友一起走回小林，快走到小林的時候，住小林村第八鄰五里埔的鄰居趕忙叫住了他：「你不要再走下去了，因為……」

「因為怎樣？你緊說啊！」小林人焦急地問。

五里埔的親友才回答：「因為，什麼都沒去啊！小林整個都沒去啊！我怕你看到會想不開……」這句話當然沒能阻止他走回小林，只是加快了他的腳步，因為他不相信，小林村真的會整個都沒去啊?!他一定要眼見為憑。

「我親目錐看到的時候，整個人都暈了，哪有可能發生這種代誌?!小林村只剩半棟太子宮，其他什麼都沒啊，只剩水和土！接下來我就和作夥去的小林人抱在一起哭、一起哭，不知要說什麼啊……」

每每講到這一段時，大夥就會沉默無語，眼眶泛紅。是啊！這第一眼親眼目睹的震驚我想都是一樣的心情吧！於是，接下來的乾杯變成一種儀式，那是一種想要把悲傷一飲而下的痛快，彷彿喝得愈快，悲傷就可以多丟掉一點！

又或者，有人提到以前在小林村溪邊玩水、游泳比賽、在山上抓松鼠、偷採水果的趣事，全場的笑聲又像極了回到昔日的小林一般，那樣的快樂與無憂無慮，接著又是爽快地一聲「乾杯！」好像在這杯暢飲之後，大夥就可以搭乘時光機回到那十幾歲的小林童年一樣，那個還有好山好水的小林村。

月光下相互療癒、相互看顧

就這樣，又哭又笑，遊子們總是相聚一堂，一起吃飯、喝酒、聊天，一起批評政府的重建政策反覆，讓大家重建小林村的心願遙遙無期……但也正因為遊子們有著共同的成長背景與遭遇，讓大家用著一種專屬小林村獨特的集體療癒模式，無形中隨著時間彼此治療了彼此，讓災後小林村因災後創傷而選擇絕路的案例降到幾乎等於零，嚴格來講，只有二起個案。

一起發生在台北工作獨居的外漂年輕人，一起是住在組合屋的老人家因思念孫子想不開，老人家救了回來，可惜年輕人因獨自一人住在台北，沒能來的及發現，成為災後小林村唯一一起，不幸自殺過世的案例，如果當時他也一起住在組合屋，或許就能避免這個遺憾了。

也正因為小林遊子在組合屋裡發揮了集體療癒效果，以及家族間的聯絡機制奏效，當時擔任自救會長的我，才能無後顧之憂地在外打拚與談判，如果沒有這群成長背景一樣的小林人手牽著彼此，復原的路，將會走的更艱辛。

重建，慢一點會不會好一些

災民的想法，需要被好好傾聽

對於小林村這樣的村落而言，
村落的組成，不僅僅只是房舍、村民，
還有平埔族的文化、來自各地人們交融的生活，
重建後，年輕人的生計、下一代的教育，
都不是一間屋子就能提供答案的，必須有長遠規畫。

在八月十九日馬總統探視小林村災民後，旋即立即指示盡速發放罹難者慰問金，而沒有拘泥在原先民法規定的「特別災難須待失蹤宣告滿一年以上，方得申請死亡宣告」，同時也提供了各種專案窗口，希望提升後續的賠償與申辦效率，甚至提供一位總統府主任級幕僚電話，讓我可以隨時反映重建等相關問題，當然不可否認，這支專線在後續產生了極具影響力的效果。

同時間我也接獲了來自行政院的邀請，擔任「行政院莫拉克颱風重建委員會」中五位災民代表之一，為了能確保後續對話管道順暢，我也應允出任重建委員，卻萬萬沒想到，在第一次開會時就讓我深感驚訝於，民間慈善團體驚人的效率，以及初期重建政策之快速。

行政院重建會初體驗

記得應該是九月六日，災後第二十一天，我第一次到台北行政院報到，參加重建會議，那次主持會議的是劉兆玄行政院長，也是我最後一次在行政院看到他，之後劉院長因八八水災救災不力請辭，爾後會議就由吳敦義院長主持與拍板，但萬萬沒想到，這次劉院長的告別會議，也成了之後永久屋政策最大的爭議來源之一。

當天我第一次開會有兩件事讓我印象深刻，一是慈濟基金會在災後不到二十天的時間內，迅速提出了「杉林大愛村」的永久屋重建方案，另一件則是鴻海董事長郭台銘先生霸氣的發言令人印象深刻。

當天會議三大慈善團體都有與會，這三大NGO團體分別是「中華民國紅十字總會」、「世界展望會」與「慈濟基金會」，協助本次莫拉克風災主要的民間重建工作，因為收到的善款最多，所以就由他們三大NGO負責最主要的重建工作——「永久屋重建」，而其他慈善團體都以協助心理重建、文化重建、校園重建與孤兒認養等軟性重建為主，例如TVBS基金會重建小林國小、永齡基金會興建「永齡有機農場」協助災民就業、林榮三基金會與張榮發基金會認養八八孤兒直到大學畢業等。

而其中最讓我感到驚訝的就是，當天慈濟提出的「杉林大愛村」永久屋重建方案。

慈濟的大愛，犧牲了災民自主權

先來談談為何莫拉克災後重建這麼急著敲定「永久屋政策」？原因就在於八八重建傾向跳過組合屋中繼階段，不蓋組合屋，直接興建永久屋的一次性到位作法。

當年九二一地震後，倒塌的房屋過多導致太多人無家可歸，於是中部災區興建了非常多的臨時組合屋用以安置災民。但出乎意料的是，這些組合屋當中有的因為災民無力自費重建，或者閒置的空屋遭遊民闖入居住，造成部分組合屋多年後仍然沒有拆除。按理說，組合屋的使用時限以三年內為恰當，因為材質與安全關係並不適合久住，但因為管理上的種種問題，直到八八水災這一年，也就是九二一第十年，居然還有部分組合屋並未拆除，反而變成了治安與安全的死角。

於是，八八水災這一年，慈濟首先提出「不蓋組合屋，直接興建永久屋」的重建概念，並且喊出了：「六個月可完成三千棟永久屋」的目標，一次解決八八水災災民的安置問題。這樣的口號當然很吸引執政者，畢竟永久屋若真能在六個月內重建完成，猶如形式的災難完結，看不到災民流離失所，自然就等於重建完成。

但事實上，重建難的不只是硬體上的家園重建，而是心理上、文化上、產業上的重建，沒有後面三者的重建，光硬體重建絕對沒有辦法解決中長期的重建問題。

更何況包含小林村在內，這次有好幾個村落牽扯到遷村的議題，等於是把一個人連根拔起，移植到另一個完全陌生的區域，一棵樹的移植尚且要考慮許多問題，一片森林的移植要考慮的問題就更複雜，更何況，是一個百年以上歷史的部落要遷移到另一個地方去，牽涉到幾百、幾千人的遷徙、居住、就業、文化傳承等等複雜的人文問題呢？

所以我最驚訝的，莫過於當天會議慈濟展示的資料，居然已經選定了重建地區、設計好了永久屋形式、決定了以現存人口計算居住房屋坪數、甚至劃分了「原民區」與「漢民區」這樣簡易二分法來當作分配原則。

我實在瞠目結舌！這樣驚人的效率！

是效率還是倉促，對錯仍待歷史評斷

不只是在於慈濟提出的方案內容是不是符合災民所需，而是這一切都來的太突然了！要知道九月六日距離災後還不到一個月的時間，距離小林村民接受滅村事實、悲痛舉辦頭七法會的八月十五日，也才三週的時間，有些災民自從八月十日陸續從山區孤島以直升機載出後，目前甚至都還住在舊部隊營區裏，連回家看一眼的機會都還沒有。而小林村民與家屬更是臨時安置在甲仙的宗教聖地龍鳳寺中，每天忙於各種後事的辦理、財產繼承與不間斷的祈福法會，每一個災民心中，此刻都還處在調適失去家園所帶來的悲傷與驚恐的情緒中，卻沒有一個人知道他們未來的命運已經被決定了。

我的震撼與不滿就是這個原因。這麼重大、攸關災民與後代子孫幾世的權益，災民怎麼會在完全沒有參與、表達意見、整合內部共識的情況下，「被決定」未來住哪裡以及怎麼住？於是我立即表達了嚴正的抗議，一如我當時在媒體面前的強悍，反正家破人亡，爛命一條，但不合理的事我一定抗爭到底！當時的我確實會不考慮後果的衝撞，畢竟那時單身，如果像現在結婚有親愛的老婆跟兩個嗷嗷待哺的小孩要養，或許我就不復當年的狠勁了吧！

我大聲質問：「為什麼這麼重要的事災民都不知道，而是在這裡開會決定？」

相關單位的回覆是：「總是要先在這裡討論了才會跟災民報告啊，要有可行性才可以跟災民討論。」

我立即回嗆：「不是應該要先了解災民的意願與部落受災情況再決定嗎？更何況沒有先讓災民內部形成『是否要遷村』的共識，只是會讓災民內部意見分裂的情況更嚴重而已！」

我緊握麥克風再強調：「何況，現在災後還不滿一個月，小林村甚至還在辦喪事，你們就決定這些重建的原則，請問有急成這樣嗎？我們一定是遷村，是否要原地重建還是異地重建我們也都還沒心情與時間討論，怎麼可以幫我們決定？！」

「蔡會長請放心，我們現在都只是討論原則而已，一定會請相關的ＮＧＯ團體跟你們好好溝通，不會造成你們內部分裂的情況的……」相關單位再三保證著。

不到半年就完成的重建奇蹟？

二個多月後行政院快速解決了永久屋相關的各種重建法令、土地法令等限制問題，給予最快速通關，十一月十五日大愛村動土，隔年農曆年前二月十一日大愛村舉辦入厝儀式，僅花了八十八天就完成首批永久屋六百六十棟入厝，距離我第一次參加會議真的不到六個月，而從動土到入厝也不到百日，真的算是重建史上的奇蹟。

最後我所看到的永久屋與第一次在行政院重建會議上所看到的，相差無幾，唯一記得的差別就是我曾反應過的：「為什麼我的家門口上要有一朵蓮花呢？感謝不能放心上而是一定要在家家戶戶上面放一朵蓮花嗎？」

後來，這朵蓮花就消失在蓋好的家屋門口，但園區內，仍遍地可見大小不一的蓮花以及慈濟人濟弱扶傾的雕像，入口那大大的蓮花意象，與園區內抹不掉一致的洗石子精舍建築，彷彿在提醒我們時刻的，感恩。

十年過去了，當年的恩怨情仇早已隨風而逝，雖然我肯定民間慈善團體的勇於任事，以及政府重建單位的態度積極，但是我還是忍不住要問一句：「慢一點，會不會更好一點呢？」

郭台銘，霸氣中的感性

成立永齡農場，提供就業機會

跟鴻海郭董第一次面對面，是在第一次的行政院莫拉克重建會議上，
如江湖傳說中的一樣，霸氣外露、自信十足，
連參與救災重建都能明顯感受到不同於政府官員的行事風格。
而他所提出的永齡農場，
更間接影響了許多小林青年的遷村選擇。

寫這篇是原本就在計畫中，畢竟永齡有機農場對當時的遷村選擇影響甚大，乃至於十年後的今天，但人算不如天算，撰稿時郭董正如火如荼地參與國民黨總統初選，甚有可能成為台灣總統民選後第一位商人背景出身的總統參選人，所以在此鄭重聲明，兩事無關，純粹巧合，切勿聯想。

由於鴻海集團屬於民間重建單位之一，所以郭董與紅十字會、慈濟等民間團體單位坐在我們災民代表的正對面，因此很容易可以有眼神交流的機會，清楚地看到對方的神色。

當天會議先由政府部門彙報災情，以及後續可能需要重建的地區資訊等等，之後再由我們五位災民代表各自敍述目前災區情況，以及所需援助等，我其實已經不太記得自己説了什麼，因為在那個階段能談的，大概就是反應一下目前災區急迫需要的援助，以及中繼組合屋的需求，當然我也是在這場會議中才得知，中央政府有意跳過中繼組合屋的選項，傾向由慈濟提案的直接興建永久屋，不再提供災民過渡時期居住使用的組合屋，後來也才有了拒絕大陸紅十字會援助組合屋的事件。

郭台銘，霸氣發言震攝全場

在我發言之後，沒多久輪到郭董發言，不知是否因為前面聽了冗長的災情彙報不耐，還是對郭董而言不滿這樣的會議效率，我對他的開場白印象深刻。

「前面這位年輕人我認得你（指著我），電視上看過好幾次，我知道你們小林村的事，真的很令人難過，發生滅村這種事，我告訴你，你們的事我一定會幫忙，你以後有事需要幫忙，直接找我，不用找他們！」說完此話的同時，郭董手一指會議桌正中間位置的劉院長，再補上一句：「找他們太慢了！」

話說完，全場一陣靜默，連我也是，大概沒人想到郭董講話這麼直接而不留情面給行政院長，三秒後我靠近麥克風說了一句：「謝謝郭董！」才打破這三秒鐘的寂靜與尷尬。會後郭董先生也請特助黃南輝顧問拿了一張名片給我，交待了如果有什麼事需要幫忙可以直接打給他，想當然爾，我當然沒打過，也不好意思打，畢竟這種場合的話也都只能視為一種客氣話，太認真可能失望會更大。

所以第二次的會面，就讓我感受到這不只是客氣話的認真了。

第二次碰面，在鴻海土城總部

就在相隔一週的重建會議後（當時行政院每週召開一次重建會議），由於當時已經陸續有慈善團體提出援建永久屋的政策，所以我除了再度強調：「應尊重災民自主重建的原則，以災民為重建主體，而非慈善團體」的呼籲外，也提出了創造就業機會的根本問題。

「目前大致上聽到的都屬於家園重建的範疇，但是也請大家思考一下，像是小林村的狀況，由於全村常住人口超過九成都罹難了，這群是以務農為主的中老年人，可見小林村如果要重建的話，勢必需要很多像我一樣的青壯人口返鄉投入才有未來，但是……」我停頓了一下，然後加重語氣：「像我這樣的年輕人多半不懂務農，未來也不一定有足夠的土地提供耕種，所以年輕人返鄉後要做什麼才是大問題，可能連基本生活都有困難，也請政府單位重建時要考慮長遠一點，謝謝。」

我看見郭董很專心地聽我在陳述，眉頭似乎皺了一下，他當場沒特別說什麼，但是隔天中午在辦公室我接到一通電話，原來是郭董特助黃南輝顧問打來的。

黃顧問是中華民國前任駐越南大使，重建頭幾年都是由他與另一位劉瑞煌先生負責協助。黃顧問請我去土城鴻海總部一趟，說董事長有事想跟我聊一聊，希望我三點前可以到，於是我匆匆出發，搭乘捷運往土城前進。

我大約在二點四十分就抵達土城鴻海總部，也有幸親眼一見台灣（或是世界）的製造王國鴻海真面目。老實說我嚇了一跳，因為它完全沒有一般電視中演的那樣氣派輝煌，反而只是一般辦公OA家具的擺設，連像黃顧問這樣「董事長特助」頭銜的人，都只是一般ㄇ字型的OA屏風隔間，會議室也是一張簡單的會議桌加上幾張電腦椅，就像是普通到再不能普通的公家機關印象。

黃顧問一時興起，也帶我看了一下郭董的辦公室，結果就只見一個偌大的辦公室裡，擺了一張極大的U型會議桌，其他空無一物，原來號稱台灣首富的郭董，在物質方面確實是身體力行力求質樸，如同他夜宿工廠的傳聞一般，這點，倒是令人欽佩。

五個小時的等待，終於見到本人

接下來就是我等過最漫長的一次會議，原定三點，我卻等到八點，足足等了五個小時，但也不是他不在公司，而是在辦公室裡不間斷地開會，我在隔壁會議室不斷聽到罵人的聲音，然後跟黃顧問從小林村聊到我個人的故事，再聊到他當越南大使以及如何來到鴻海的故事……郭董還是在開會，最後實在沒話題了，黃顧問只好換劉顧問跟我聊，於是我只好再把我的故事從頭講了一遍……。

終於御飯糰吃完了、綠豆湯也喝了，法務主管也來過了，終於在八點左右等到郭董現身了。他一現身就一直說抱歉，也看得出一臉疲憊，但見了我還是很有精神地直接切入重點。

「聽說你想返鄉可是沒工作對嗎？你現在在做什麼？要不要我幫你在鴻海安排一個職位，然後你帶職回鄉服務？」我到此刻才終於搞懂郭董神秘兮兮約我到他辦公室聊天的用意，原來他是誤會了我的意思。

我趕忙澄清：「郭董，謝謝您的好意，不過我在重建會議上所說的連我返鄉都不知道要做什麼的意思是，希望政府部門在重建時能多注重一下年輕人的就業問題，否則房子蓋好了沒有工作，年輕人回不來，它還是可能會變成蚊子村，那這樣的重建就實在很可惜，花了大錢效果卻打折扣。所以我只是比喻，不是說我沒有工作所以就不回來的意思！」

費了一番勁終於讓郭董了解我的意思，我在重建會的發言並不是在找工作，而是擔心重建區缺乏就業的問題。

而事實上在這個時間點，我根本也還沒認真思考過是否有必要放棄本來的人生規畫而回到高雄，那時還樂觀地認為，只要幾個月的時間重建應該就有眉目了，完全沒想過後來是一條這麼漫長的路。

成立永齡有機農場，吸引青年返鄉

「那你大可放心，我正準備在杉林成立一個有機農場，希望你能幫我勸勸山上那些原住民都搬下來，我保證大家都會有工作，尤其是你們小林村的，真的是太可憐了，我希望你們都能搬下來，不要再住在那些危險的區域了。」郭董回答我。

我了解這番好意，但我也認知到，他所接觸到一些似是而非的資訊是跟事實有出入的，例如：「山上很危險，大家趕快搬到山下來！」、「原住民在山上都只能種檳榔所以可能破壞水土保持！」、「小林村滅村的部分原因就是因為種薑所以水土保持沒有做好」等等訊息，或許有適當機會時，我再跟他好好溝通吧！

結束了這場漫長等待的會議後，我踩著月色再度在永寧站搭上捷運離開，回到家時已經快十點了，但直到晚上入睡前，還一直想著：「如果真的有一座有機農場，就能解決莫拉克重建區的就業問題嗎？」、「那不務農的，可以做些什麼呢？」

還有我自己，「真的該返鄉專職重建工作嗎？我已經準備好了嗎？」

小林人的掙扎與矛盾

小林村，其實一個就夠了

從前的小林村，大家像是一家人，
但經過這場天災，小林村最後一分為三。
這對許多小林人來說，也是一件難以接受的事情。
即便，從各種層面來看，都是必然的結果。
我心中仍然期盼，如果可以，一個小林村就好了！

對許多小林人而言，小林村的一分為三，可能是除了滅村之外，另一件難以想像與接受的事實。

但從歷史的軌跡來看，似乎又是一個必然的發展，無法改變。回到現實的生存條件，顯然五里埔或杉林這二地都無法提供足夠的就業機會，而導致最終結果仍然可能無可迴避地需在兩地重建，這只能說是一種人類歷史前進與遷徙的縮影，也是另一種開枝散葉的必然結果。

一分為三，純然是政府與慈善團體的責任嗎？當然不是，小林人內部也有自己的矛盾與掙扎，對於遷村的地點也不可能有百分之一百的共識，但是對於給予達成共識的時間是不是足夠，我想看完下面的時間軸，歷史自有公斷。

八月九日：小林滅村
八月十五日：頭七法會小林自救會訴求重建小林村
八月十九日：馬總統親赴龍鳳寺允諾任內重建小林村
八月二十五日：楊秋興縣長赴龍鳳寺做第一次遷村公投未過半數
九月六日：第一次參加行政院重建會議，慈濟提出杉林大愛藍圖
九月十一日：吳敦義院長赴龍鳳寺將重建門檻降為五十戶
九月十二日：鴻海郭董赴甲仙向小林村民說明永齡農場構想
九月十九日：小林村舉行家祭並辦理第二次遷村投票，並以此次投票結果為結論

八月二十日：小林村舉行公祭

是的，就如上述時間軸一樣，在災後四十天內我們就舉行了二次遷村地點的投票。而第一次，我們是在沒有完整的選舉名冊下，就在龍鳳寺的香客大廳中投票，因投票數未過半而無效；而第二次，我們甚至必須一邊籌備著家祭與公祭，在家人後事都尚未處理完畢的悲傷情緒中，進行了攸關自己與下一代的遷村投票。

所以一切的故事，就是在這樣的背景下成立了。

毫無參考資訊的第一次遷村公投

也不知是否是因為補償心理，後續政府處理重建事務效率明顯提高，因此在總統於八月十九日於龍鳳寺做出任內重建小林村的承諾後，時任高雄縣楊秋興縣長也緊急於八月二十五日再次前往龍鳳寺，隨後並進行了第一次遷村投票。

可想而知當天的投票是極其粗糙的，理論上有投票權的應以門牌號碼統計一戶一票，而當天卻是一人一票，甚至出現了一戶多票的情形；再者，這麼重要、影響千秋萬世的遷村公投，應該要有一定的期間作為公告期，讓村民有足夠的時間思考、內部討論等才能做出最具共識的決定。最重要的，假如涉及兩個地點的選擇，政府部門或重建單位，不是應該將兩案併陳，同時各自羅列遷村兩案之優缺點，乃至於對於未來就業機會、文化傳承、子女教育等面向作完整的評估，才能讓災民有充分資訊做為判斷基準嗎？

但是很顯然，我們除了地點之外，並沒有其他資訊輔助來做出更理想的決定，加上投票數並沒有過半，其實當時小林村連要重建多少戶數都還沒有正式統計出來，所以雖然這次投票的重建地點「五里埔」以七十三票勝過「杉林月眉農場」的三十一票，但多數村民也認為決定過於倉促，於是自救會決定在九月十九日家祭當天，再進行第二次遷村的公投。

面臨了二個小林村的選擇

由於小林村狀況特殊，是全國第一件的滅村案例，加上小林村屬於少數高度保留平埔族血統的部落，所以當時包含簡文敏老師、林清財老師及段洪坤、洪淑芬等等文化研究學者均呼籲「根留原鄉」，避免平埔文化遭到快速同化而消失。再加上部分倖存者於原小林村周遭仍保有私有土地可供耕種，而遷村後政府僅分配「永久屋所有權」，亦即不得買賣僅供居住，且無可耕種土地，故對於依賴農事維生的人而言，寧可面對滅村的心理陰影，也要選擇留在小林村原址附近，至少可保有原來的生活模式與收入來源。

但由於原小林村九至十八鄰已全數遭到掩埋無法重建，所以政府便提供位於小林村第八鄰的「五里埔」基地供永久屋重建，是為小林村第一基地，後簡稱小林一村，最後共興建九十戶永久屋。

而當時在這二次投票時僅知另一個選項是在「杉林台糖月眉農場」基地，至於由誰重建以及如何重建等，災民並沒有完整的資訊，重建單位也尚未揭露任何確定的資訊，只知道會在這塊基地重建，我們完全沒有意識到，選擇小林一村跟小林二村會遇到截然不同的重建狀況與難度。

村民之間的矛盾與分歧

民主的意義雖然是在保護相對多數人的自由意志，但必須建立在「資訊透明」與「充分公告」的兩項前提下，否則即容易在一時的衝動或遊說下做成決定，受傷的通常就是因為對資訊的解讀各自不同，最終導致投票的群體形成內部的分裂與拉扯，小林村也沒有例外。

所以當第一次投票時，一開始眾人還因為對故鄉的依戀而不願離開原居地者相對較多，但隨著愈來愈多的資訊被傳遞開來，以及悲傷的情緒慢慢被理性的思考取代，更多的人開始去思考怎麼做對下一代最好？

畢竟這一代的年輕人已經因為社會型態的改變而脫離農耕生活，未來的選擇已經不是文化與情感的牽掛而已，更重要的是對就業機會與未來的憧憬與想像了。而除了情緒逐漸從悲傷轉為理性，並在許多家庭與家族進行了內部討論後，對永久屋基地的選擇偏好逐漸由五里埔轉為月眉農場，更重要的是在第二次投票前發生了二件足以影響眾人決定的大事。

第一件就是郭董親赴甲仙向小林村民宣布興建永齡農場，並將於農場獲利後逐步將經營權交付災民，郭董稱之為「BOPT」，意即「Build-operate-profit-transfer」，我遍查文獻找不到相關解釋，所以相信應該是郭董所獨創，其中與傳統BOT案最大之不同，即在於永齡農場須確保於產生利潤（Profit）後再移交由災民自主營運管理，以實現其長期確保災民就業機會之願景，同時讓災民成為營運暨利潤享有者，實現此一公益型企業概念。

坦白說，郭董此行真的是兑現了他在辦公室對我說的承諾，在我告知自救會幹部後，他們也評估會對遷村意願產生「核爆級」的影響，畢竟對於眾多年輕的小林子弟而言，不只希望有個家，能有份長期穩定的工作更是返鄉最重要的考量。

但最可惜的，莫過於日後小林村因重建爭議而堅守組合屋一年，錯失第一時間進入永齡農場工作的機會，使得郭董援建永齡農場之初衷徒留遺憾矣。

另一件就是吳敦義院長於九月十日上任隔天即親赴龍鳳寺，現場並應小林村民陳情，將原本永久屋重建門檻由一百戶降為七十五戶，最後再降為五十戶，成為日後小林村一分為三的最重要轉折。

而當天我人在台北正準備著下一階段的活動，意外錯過了這個重要的歷史時刻，或許這就是天意吧！

所謂重建戶數門檻是指須達到若干戶數且有一定之經濟規模後，行政院重建會方同意分成兩地重建，例如小林村當時評估大約為二百五十戶，最終總共興建二百七十六戶，若按一開始標準一百戶才興建，則因為五里埔、小林小愛未達此數則無法興建，則只會產生一個小林村；若降為七十五戶則小林小愛亦未達標則會產生兩個小林村；而吳揆最終應村民之陳情而將重建戶數門檻降為五十戶，產生三個小林村之結果便無可避免地在歷史上出現了。

一個小林村的心願，只能成追憶

改變村民遷村地選擇決定影響最大的是永齡農場的出現，而尊重災民居住自由同意降為五十戶門檻之下，最終出現了一分為三的小林村。

如果你問我，參與八八重建最遺憾的事是什麼？我會毫不猶豫地告訴你，就是無法阻止小林村一分為三的結果，這是我個人深覺最遺憾與愧對先人託付，雖然在人類歷史的遷徙中，這似乎又是不可避免的必然發展軌跡。歷史，只是再度回到了它的起點，但從個人的情感出發，這無疑是所有深愛小林村的人最不樂見的結果。

不管如何，歷史不會再重新給我們一次選擇的機會，但不管過多久你再問我多少次，我還是會回答你：「如果可以重來，我會希望，只有一個小林村。」

真的，一個就好了。

災民與政治的距離

意外捲入秋菊之爭

捲入當時民進黨高雄市長初選的「秋菊之爭」是個意外，還好也只掀起小小的漣漪，而沒有再造成重建過程中另一個大事件，但我個人覺得對完全沒有政治經驗的素人災民們很有教育意義，那就是，災民最好不要有政治色彩！

眾所皆知，台灣是個過度強調政治色彩的國家，我認為在平常的生活中每個人有自己的政治傾向或立場無可厚非，不管是藍色、綠色、或年輕人最愛的白色、對政治冷感的無色，都可以，這是每個人的政治判斷與自由，我們都必須予以尊重。

就如同小林自救會裡也各有不同的政治偏好，但我們從不為此爭辯，彼此尊重也心知肚明，從不為此挑戰對方，更遑論爭辯、大吵一架了，但內部相安無事的我們，卻仍無可避免地捲入了那一年底高雄縣市改制後的第一屆高雄市長選舉——轟動全台的內戰「秋菊之爭」。

那年九月，遷村爭議仍在發酵，但另一個爭議提早引爆，就是小林國小是否需復校。

小林國小復校與否的爭議

由於原小林村人口外流嚴重，加以少子化問題，小林國小從我就學時的一班三十二位，一路降至八八水災時的十來位，甚至個位數，已經快變成了森林小學的規格，因此當小林國小不幸慘遭滅校後廢校傳言四起，公部門基於效益評估，加以小林村滅村後人口更顯凋零，每班人數勢必較原來更少，是否還有復校之必要性引起各界廣泛討論。

反對復校一派認為，迷你小班制的小林國小勢必更缺乏競爭力，與其小班，不如就近接送至附近的甲仙國小就讀，只需要校車接送，不僅省下建校之龐大經費，更可讓孩子在較有競爭力的甲仙國小學習，對孩子的未來才會更好。

贊成復校的一方認為，雖然復校的經費較大，但與保存平埔文化的特色小學相比，卻是無價的，且小林國小當初的滅校並不是因為人口減少而發生，而是因為一場天災，且既然政府當時已決定在五里埔興建小林一村，站在復振小林村的長遠立場，擁有一所保有自己文化特色的小學勢必對教育會產生長遠的影響，如果沒有小林國小，人口外流的情況勢必會加劇，而重建小林一村也會變得沒有意義了。

簡單講，反對一方是站在效益的理性思考為出發，贊成方是站在文化與情感的感性立場，所以這件事自始至終，本來就沒有標準答案，端看你的思考模式而定。

表達謝意卻意外踏入政治風暴

而小林自救會與多數村民是贊成復校的，縱然當時多數年輕人選擇重建的地點是杉林區的月眉農場，未來也不可能回到五里埔的小林國小就讀，但我們都希望這所擁有重要歷史與文化保存意義的小學，能夠與小林村一起重建。

但一開始楊秋興縣長的立場是反對復校的，若他以縣長之高度衡量得失，也沒有錯，畢竟楊縣長向來是理性思考者，所以外界曾給予「酷吏」之稱號，但我認為應該改為「幹吏」更為洽當，管理能力出色，但有時易讓人感受缺乏同理心，這也反映在高雄縣府初期的重建態度上，重效率更甚於災民所需所想。

巧合的事發生了。當時高雄市政府社會局多次聯繫小林自救會，說：「蔡會長，市政府這邊有一台四輪傳動車要捐贈給你們自救會，看你們何時方便來領車，同時也可以來當面謝謝市長，她也一直很關心你們哦！」

於是在多次向縣府陳情無效後，自救會內部有人提議：「既然市府方面有贈車，去謝謝人家也是應該的，只是去説謝謝應該也無傷大雅，這是做人的基本禮貌，而且……」他停頓了一下繼續説：「多一個人支持我們總是好事，或許也能對縣府這邊形成一點壓力，畢竟他們還在初選中……」

結果我們果然太天真了，把「政治」二字想得太簡單了，接下來一不小心把自己逼入了進退兩難的局面。

拜會市長與縣長商討復校被迫撞期

就在我們回覆了社會局邀約，決定擇日拜訪陳菊市長當面謝謝贈車一事後，隔天一早我就接到了一通聲音急促的電話。他是杉林地區子弟，同時也是高學歷而具有政黨服務經驗的一個朋友，為了不造成困擾姑隱其名。電話中他是這麼説的：「松諭，你們是不是要去見陳菊市長？」

「ㄟ，你怎麼知道？我們才剛聯繫完畢還沒有對外人説過，只有少數幾個幹部知道這件是，你是從哪裡聽來的？」我很疑惑他是從哪裡知道這件事。

「市府都發新聞稿啦！現在全台灣媒體都知道了，而且是強調你們『主動拜訪』市長，現在秋菊之爭這麼白熱化，高雄縣的災民跑去主動拜會高雄市市長，你覺得外界會怎麼解讀?!」他發揮一貫的政治分析專才，馬上點醒夢中人。

「啊，怎麼辦？我們根本沒想到這麼複雜，想說市政府送車給我們，去謝謝人家一聲總沒問題，怎麼會變成我們主動拜訪，那怎麼辦？」我著實有點慌了，沒想到單純的致謝行程會惹來這些問題。

「嗯，沒辦法，誰叫現在是選舉時刻，什麼事都可能被大做文章，尤其你們又是外界眼中的『明星災區』，是媒體最感興趣的對象，政治人物自然不可能放棄大做文章的機會。」

「那怎麼辦？會不會影響後續的重建計畫？」我焦急地問。「我想是不至於，不過楊縣長這邊也不可能沒動作，否則高雄縣民跑去拜會高雄市長，甚至請高雄市長幫忙，確實會對外界形成『選邊站』的錯覺，縣府這邊一定會有動作，先看看他們的動作在來決定吧！」朋友分析道。

「好吧，也只能這樣了，謝謝你的提醒，唉，我真是小白兔一隻！」就在我掛上電話沒多久，另一通電話響起，是辦公室的同仁打來，電話那端說著：「會長，不好了，剛剛縣府方面來電，說明天下午二點半要來組合屋談小林國小復校的事，你們不是三點要去市府嗎？他們還說希望蔡會長在，可以的話才可以當場決定復校一案。」

不好的事總是來的特別快，縣府果真來電了，而且挑了一個我根本不可能同時出現的時機來訪，果真像朋友說的那樣，縣府一定會有所反應，不可能眼睜睜看見自己轄區的縣民跑去拜會主要競爭對手。於是立即跟這位熟悉政治操作的朋友求救，該如何處裡這種難題，我該去參加哪場？朋友聽完後，給了一個當下唯一可能也是較好的建議。

他說：「你們必須參加市府這場！一來邀約較早，二來市府慎重發了新聞稿，場子一定弄得很大，你是非到不行，否則我怕日後關係會不好處理。縣府這邊是較晚邀請，而且應該是看了市府的新聞稿才有動作，這方面時間先後很清楚，你必須守信，所以只能請副會長接待，原因就如實陳述即可，之後縣府這邊將來相處的機會還是很多，關係可以慢慢修補回來，而且如果了解原由，或許內部就不會過度解讀是你們選邊站的問題了。」

好友指點，讓政治傷害減到最低

「當然，多少還是有些小傷害，但離選舉時間還長，應該影響沒這麼大，不需要想太多啦！還是做好你們該做的事比較重要。」朋友給了中肯的建議。是啊！還是做好重要的重建工作比較重要，心情千萬不能受影響，打起精神，趕快聯繫幹部把明天的事安排好比較重要。

於是就在隔天下午，我跟幾位理監事一起前往高雄市政府拜會陳菊市長，而偉民副會長就留守組合屋，等待楊縣長前來商討小林國小復校一事。但我當時萬萬沒有想到，原本同屬民進黨且感情甚篤的陳菊市長與楊秋興縣長，日後竟因初選而致感情撕裂，進而演變為著名的「秋菊之爭」，而我們，竟也意外地在其中插花演出了一小段，只能慶幸，還好沒變成重要配角，戲份只有一點點。

而更尷尬的是，等待我們專程跑去市府感謝市長後，才得知真正贈車的不是高雄市政府，而是歷史悠遠的左營舊城城隍廟，舊城城隍廟只是透過市府轉贈，結果之後我們又只好又再跑一趟，親自謝謝贈車的主角，卻為此，搞成裡外不是人。

分享這則故事的用意不是在苛責任何政治人物，基本上這本書裡提到的人都不存在單純的褒或貶，只有事實還原，也希望把這些經驗留給未來像我這樣未涉政治的素人們，不要輕易在政治上表態，沒有色彩的你們，才會替自己爭取到最有利的籌碼，切記！

最後強調，不管我們個人的政治立場如何，隔年的大選我們自救會幹部幾乎都投給了不同政黨的候選人，俗稱「分裂投票」，所以每位選民的心中自有一把尺，「誰做事、誰對重建用心，自然會得到選票的青睞，絕不是你身上的顏色」謹把這段話送給每位從政的人，相信真正的政治人物絕對認同我的看法，對吧?!

左營城隍廟致贈的休旅車，誤打誤撞捲入了火熱的秋菊之爭(左為徐報寅、又為宋燕誠)。

災後百日的包圍行動

各地災民的集體抗爭行動

災後一百天，自救會轉型為正式的重建組織，
是小林村有史以來最大規模的人民團體，
百分之九十九點七的得票率證明小林人的團結，
同時間，各地的災民早已無法忍受被決定的命運，
一場大規模的抗議行動就此展開。

雖然在八月十九日就得到總統承諾任內重建小林村，同時行政院也旋即在八月十五日成立「行政院莫拉克重建委員會」，並立專法負責全國相關重建工作，但基於「不蓋組合屋直接興建永久屋」、「由慈善團體主導而非災民主導家園重建」等政策爭議後，我發覺重建工作不僅千頭萬緒，甚至錯綜複雜，絕非短期內可竟全功，所以經過討論後，自救會也決議進行組織改造，將臨時性的自救組織依據人民團體法等規定，轉型為正式立案的重建組織「台灣八八水災小林村重建發展協會」，簡稱「小林重建會」。但為利與行政院重建會區隔，本書內統一以「自救會」代表小林。

組織轉型的目的除了能在法律上擁有正式的法人資格外，也是因為陸續有捐款湧入，為了能開立捐款收據，以及避免外界對協會帳務有所疑慮，但不料，最後在重建週年即將攤牌的關鍵時刻，我們仍然在帳務不清這個議題上狠狠地摔了一跤，差點晚節不保影響全局。

小林村史上最大的組織

我們就在十一月八日依法成立「台灣八八水災小林村重建發展協會」，四百多位小林人踴躍入會成為小林村有史以來最大型的組織，我也在百分之九十七點五的高支持率下當選理事暨全票當選理事長，當時的小林人確實非常團結，而我也確實深受村民信賴而意氣風發，但沒想到日後在不到半年的時間內，卻因永久屋等議題上久懸未決而讓內部信任崩解，我也受到多方質疑、打擊，讓我徹底體會了服務眾人與投身非營利之艱難，初心雖不變，但時間會是你最大的敵人。

不論對你個人，還是服務的對象，都是。

就在重建會成立同日進行了一場重要的投票，以回應有關「小林村民內部對於小林二村有不同的意見！」的相關傳言。投票題目是：「請問如果在月眉農場興建小林二村，你會同意由負責興建小林一村紅十字會興建或是由慈濟基金會來興建？」如果不是傳言太逼人，影射小林村內部意見分歧，說真的，我們也不會定出一個針對性這麼強的公投題目，畢竟傳言指我們內部意見不同、分裂，那我就給你們瞧瞧小林人的團結一致吧！

投票結果出爐，三百一十三票：一票，紅十字會以三百一十三票遠勝慈濟基金會的一票。投票結果狠狠打臉了影射小林人分裂的說法，讓這個分化小林人內部團結的伎倆失敗，再一次讓外界見識到，在絕境下的人會有多團結！我相信這項百分之九十九點七的團結比例不只空前，也將在歷史上留下一筆。

但隔天報章媒體卻出現了：「小林人拒住慈濟大愛村！」的聳動標題，反而在社會上掀起一陣討論。輿論開始出現：「小林人很不知好歹，慈濟都要蓋房子給你們住了，還不滿足！」、「看起來小林人很貪心，要蓋豪宅才會滿意吧！」等等不利小林人的言論，這確實是我們投票之初始料未及的。

我說過，這項投票是為了針對外界評論小林人分裂的傳言，卻反倒成為反對者操作貪婪的小林人還要更多的言論，對當時的小林人也確實造成了一定程度的傷害。但在極度焦慮、始終得不到政府善意回應與慈善團體退讓的情況下，自救會決定與同樣不滿重建政策的原住民團體一起走上街頭，用最大的動作向政府宣示我們的決心，這也是繼八月十五日頭七記者會、八月十九日總統座談會後，我們再度採取直球對決的陳抗運動。

災後百日，北上包圍行政院

由於遲遲得不到行政院對調整重建政策的善意回應，小林自救會與數個公民團體及原住民災區團體串聯，決定在災後一百天北上行政院，直接訴諸當時的行政院長吳敦義，希望把聲音傳給正在行政院里召開「莫拉克第八次災後重建委員會」的吳揆與委員們。

當天小林村租了二輛遊覽車，一大清早，凌晨三點就從組合屋出發，你沒看錯，就是凌晨三點，為了一早八點半能在行政院門口集結完畢，小林村與其他來自南部原鄉的好朋友們，都得起個大早，才能趕得及一早的抗議運動。就連搞個抗議活動，偏鄉居民跟原住民就是要比別人辛苦許多，真心希望為政者能更多同理心，若非忍無可忍，實在沒有人願意睏沒飽就透早出門是為了丟雞蛋啊！

由於行政院重建會議是在九點半召開，於是我們幾個抗議團體九點就在門口正式集結，進行精神喊話與行前教育。也就是等一下會議結束，我們要如何「包圍、推進」行政院以及活動的共同口號及部落的各別口號等等。

從人數看來，小林人佔了七成，看的出來我們的動員力道還是最強的，至少在十一月八日的投票後，我們的士氣仍然高昂，尤其我們的處境是整個村子都沒了的家破人亡情況下，每個人都有一戰的決心與鬥志！

於是在外頭喊完口號練習完畢後，原住民朋友們便焚燒狼煙祭告祖靈，正式宣告為今天的抗議活動揭開序幕，同時我也進入行政院會議室，先行代表陳抗民眾進行體制內的理性抗議。

在行政院重建會報告完既定的工作進度與報告後，我旋即代表抗議團體朗讀訴求，並與吳院長進行了激烈的言詞交鋒，辯論的細節已經不記得了，但不得不說吳院長確實是個口才辨給、反應極快的政治人物，但銜鄉親父老託付的我，又有著堅定的目標引領，我並未輕易退卻，反而在數十位官員與委員的面前進行了一場事後被形容為極其精彩針鋒相對的對話，只可惜，精彩的辯論仍無法動搖當時意志堅定的行政院，於是會議結束，我們在門口接力演出一場包圍衝撞行政院的戲碼。

抗議活動現場的人性溫暖

經過人生第一次包圍行政院後，我才知道其實有些陳抗運動表面激烈，但私底下雙方都有相當程度的默契與節制，就拿衝撞行政院大門這件事來說吧。原來在我還在行政院內進行體制內的努力時，大門外的小林青年與原住民們，都已就戰鬥位置準備衝撞，但事後據燕誠轉述：「其實員警知道今天抗議的目的也都蠻同情的，但礙於職權他們必須堅守崗位，不可能讓你們輕易地闖進行政院啊！」

燕誠繼續說道：「所以他們第一線的員警就說：『等一下就撞這邊媒體拍的到，我們這邊不會真的太用力擋，但你們也不要推擠的太用力，反正營造出有推擠的畫面，但媒體拍得清楚、訴求有傳遞出去最重要了，畢竟佔領行政院也跟你們的訴求無關，能夠讓社會大眾理解、對上面做決定的有形成壓力比較重要，不是嗎?!』」

於是這一場包圍衝撞行政院的戲碼，就在半認真半配合的默契下完成，當然包圍到後面難免有失控之處，但整體而言，抗議只是手段，達成目的才是重要，而衝撞官署更只是手段中的手段，目的是反映民意給社會輿論跟有權做決策的人看到，這才是最重要的事。

包圍感想，力拚與智取需取得平衡

不過千萬不要誤會抗議活動都是演出來的，我只是舉我們這次的抗議為例，過度的衝撞與激烈的動作不見得一定能達成你期望的結果，只要能引起社會與論與當權者的重視，那抗議就有一定程度的效果，非得每一次都要真刀真槍的上陣，如果能達成目的，假刀假槍又如何呢！

抗議活動最後由陳振川副執行長代表行政院出面，而由包含我在內的幾位代表嚴詞抨擊後，最後由陳副象徵性收下陳情書後，在沒有得到任何正面答覆下結束了這次的陳抗，而自救會臨時決定步行前往不遠的總統府再進行陳情，希望總統能兌現他在八月十九日在龍鳳寺重建小林村的承諾。

就這樣，一天之中我們進到了行政院與總統府兩個最大的權力機關，希望能將不滿的聲音傳遞出去，但，也僅於此而已，因為似乎官方已經打定了主意貫徹他們的重建政策，我們的聲音也像狗吠火車般的，無法改變任何事，似乎，小林二村已經離我們愈來愈遙不可及了。

經過這一場陳抗運動後，我便告訴自己：「絕不再輕易讓小林人走上街頭！」抗爭的最後顯然要用智取，而非力拚就能達到目的，於是這也成為我們在週年前最後一場的街頭陳抗運動。

第一個沒有家的過年

復刻小林人才懂的節慶滋味

從前過年，熱鬧的童玩店，擁有賭博特許的男人們……
煙火鞭炮宛如熱鬧的背景音樂，
出門打拚的遊子，一一歸來，出嫁的女兒，一個一個返家
那樣熱鬧的小林過年，現在，我們必須復刻，
必需要讓大家重溫那個美好的回憶。

或許是因為童年時在小林過年的回憶太甜美愉悅，所以長大後仍舊縈繞難忘，也或許是，這是第一次沒有家的過年，讓我必須用表面的歡愉掩蓋心中那份遺憾與失落，用一種只有小林人才懂的幽默與人生觀，再一次集體療癒。再來也因為慈濟大愛村已經在九十八年十一月十五日動土，並且在九十九年二月十一日農曆春節前夕，舉辦六百多戶的入厝儀式與辦桌宴客，讓一直得不到政府正面回應的組合屋居民更顯焦躁。

對小林人而言，這個年，肯定是不好過的，但，倒不是因為羨慕選擇入住大愛村的其他部落，而主要還是因為想家了，想回去爸媽還在的那個家，更想念親友鄰居都在、可以四處串門子敘舊的小林老家。

「老家已毀，新家安在否？」成為這個年，所有堅持回家的小林人心中一個巨大且喘不過氣的壓力閥，稍一不慎就可能引爆開來，也是我們除了療傷之外，另一個需要小心翼翼處裡的課題。

三個好兄弟的圍爐提議

於是，我跟燕誠、報寅等重建會幹部、也是從小到大的玩伴討論，我說：「今年的年會很難過，過去咱小林過年都這呢熱鬧，今年，唉～～」我深深地嘆了口氣，接著說：「現在連厝都沒，不知到底是要怎麼過這個年。」大家都深有同感的點點頭，燕誠是性情中人，個性有時火爆，但很仗義執言，小時候記得他總愛為隔壁鄰居較弱小的孩子出氣，但總能點到為止，不會鬧到兩邊家長出面。

而報寅跟燕誠是同班同學，在小學時就很機靈，所以小林國小舞龍隊負責引導整條龍前進的龍珠，就是由報寅擔綱，他記的路線若對，這龍就是真龍，他如果記錯路線了，那龍可就被舞成一條蚯蚓了！可見他的反應與機智都深受師長與同學信賴。若簡單比喻，燕誠像火，熱情直接；報寅如水，內斂沉穩，在我眼中，都是小林村的人才，也是自救會到重建會不可或缺的好兄弟。

「那，我們來辦一場大圍爐好不好？讓組合屋的村民跟外地的村民除夕夜一起回來圍爐，像我們小時候辦廟會全村辦桌那樣，還有，現場也要買很多小時候建忠家賣的那些抽糖果遊戲盒，讓小孩子可以同樂！」突然間，現場立刻被名為回憶與童年的火花攻佔，大夥你一言我一句，好不熱鬧！

六百人的除夕大圍爐，復刻小林年味

尤其是當時辦公室的行政同仁都樂不可支，像是家蓁、怡珮及叔惠等，因為長時間下來這些辦公室同仁都處在極大的工作壓力下，每天都要面對村民從四面八方打來的詢問電話：「請問到底有二村嗎？」、「我的永久屋資格有過嗎？」、「聽說縣府不蓋小林二村了，現在不申請慈濟還是五里埔一村，聽說會沒厝，真的嗎？我真煩惱！」所以一聽到要辦這麼一場開心的大圍爐以及麻將大賽，大家終於有了宣洩壓力的機會，紛紛加入了討論，一發不可收拾。

「那這樣要架舞台啦！讓大家上台唱卡拉ＯＫ，小林人最愛唱歌啦！」

「不只唱歌啦！要比賽較刺激啦！像電視星光大道一樣，還要有毒舌評審，哈哈」。

「還有，過年沒賭博不叫過年，咱來辦麻將比賽，有獎金和獎狀，但是不能博真的啦，是博技術的！」

「這樣就要像電視的麻將比賽一樣，發籌碼就好，現場嚴禁有金錢交易！」

「反正，本來就是要博趣味的啦！不是真的賭博，報名前講清楚就好啊！」

你一言我一語，宛如熱鬧的過年已在眼前。於是，我們幾位跟辦公室的同仁商量出六個大原則：

1.席開團圓桌六十桌，預估人數六百人。

2.架設卡拉OK舞台，比照歌唱比賽有評審，前三名發獎金與獎狀。

3.舉辦第一屆麻將大賽，每人一千元籌碼，參照電視比賽規則，前三名有獎金與獎狀。對了，不能私下賭真錢，發現取消比賽資格哦！

4.現場要有小孩子專用的遊戲區，賣各式各樣小時候的抽獎糖果盒，發給每個小孩二百元的玩具鈔，只能來這裡抽獎拿糖果。

5.還有，慈善團體捐贈的各式玩具可以拿來當摸彩獎品，讓每個孩子都有新年禮物。
6.最後請同仁蒐集住在組合屋六十歲以上老人家，我們每人發二千元紅包。

就這樣，我們與同仁連夜就把整個「小林人大圍爐」除夕活動規畫出來，而且主要活動就辦在除夕這一天，因為我們知道，只要第一年的除夕這一天能平安度過，我相信我們小林人就可以平安走過這一年、以及未來十年、二十年！

所有人，都回來了！

我們決心要復刻一次小林村的過年，跟大家一起走過人生最難熬的除夕夜，包括，我們自己。於是，災後第一個除夕夜，所有人都回來了！這一個除夕夜，跟我們圍爐的不只有自己的家人，還有得知消息後，從四面八方趕回來圍爐的小林人們，那一刻，我們彷彿一個大家庭般，又好像回到那些年，小林村熱鬧過年的場景，那種氣息，好熟悉卻又好遙遠。

記得那一天天氣冷冷的、氣溫低低的，但現場六十桌卻座無虛席，六百人炙熱的眼神溫暖了彼此的心，上桌的熱菜溫暖了大家的胃，雖然不是坐在自己的老家跟父母吃著年夜飯，但至少能跟這麼多的親友鄰居一起圍爐，多少撫慰了那深沉的遺憾。

是啊，至少我們還有彼此，至少我們不是一個人孤孤單單的在組合屋裡吃著濕濕的飯配著冷冷的菜，飯會濕，是因為眼淚止不住，菜冷，是因為心涼涼的……。

圍爐現場像個不夜城，鬧哄哄的人聲鼎沸，小孩子急著領完玩具鈔後奔去兒童區抽糖果，很多住外地的小孩都是第一次接觸到爸爸媽媽的童年，所以顯得興致盎然，當然年節現場少不了的鞭炮聲與煙火，現場也有販售，讓孩子的爸爸又可再逞一下當年勇了！

大人小孩都在這一晚盡情開懷

舞台上則是報名參與歌唱比賽的村民準備大展歌喉，小林人擁有與生俱來的運動細胞與好歌喉，運動細胞我還有，但可惜好歌喉離我太遙遠，於是我決定扮演主持人角色，過過乾癮，台下則由報寅等人扮演「小胖老師」與「滅絕師太」，期望用逗趣的評語炒熱現場，事後證明毒舌評審真的是最佳笑果製造機。

而在組合屋內呢？早就有一群人磨刀霍霍，打算挑戰「小林村第一屆麻將大賽」冠軍寶座，獎金可是有五千元呢！外加「小林村麻將王」封號。

於是，報名人數最多、室溫最高的場地就在麻將王比賽現場，隨著預賽淘汰、復賽淘汰，終於來到了最刺激緊張的冠軍決賽，這時連原本不在場內的觀眾都紛紛走進了會場，想要一窺決賽結果，終於，順福打敗群雌，順利拿下了「小林麻將王」封號與獎金，此刻，全村才知道：「原來阿福這麼會打麻將！」因為隔年他又連莊拿下了第二屆麻將王，再也沒人懷疑他的實力了。

就這樣，六百人的「大團圓圍爐」圓滿而順利的結束了，正當外燴人員在收拾著現場場地時，我悄悄地開了車回到大哥家，當自己一個人靜靜地躺在床上時，眼淚才不爭氣地流了下來，其實，我還是很想你們、很想家的，你們知道嗎？

歡愉的氣氛是一時的，只有這樣，才能讓小孩子玩累、女人累壞、男人喝醉，我們才能阻止自己去想他們已經不存在的事實，也才能讓大家暫時忘記，我們所爭取自主重建的小林二村，此刻根本還是個被封殺、不被承認的夢想！

此時此刻，「家」的距離，遠比我們所想像的還要再遙遠許多，未來會如何，我一點把握也沒有，直到接到他的電話，才扭轉了瀕臨絕境的小林二村。

扭轉逆境的神祕電話

來自總統的問候

過完了熱鬧的除夕圍爐，但小林二村仍舊膠著。
我們只想自己決定自己村落的樣子，
不知道為什麼會這麼艱難。
還好，一通神祕的拜年電話，帶來了曙光。
讓小林二村的重建，出現了一絲契機！

初三下午接到一通拜年電話，打來的不是別人，正是當時的中華民國總統馬英九先生。如果是在平時接到總統的拜年電話，普遍的反應應該是又驚又喜吧！但此時的我卻完全開心不起來，因為現在仍然有超過一百八十戶以上的小林人不知未來會在哪裡？也不解，為何明明是全台灣真正被滅村的村落，在完整表達村民共識後且經費來自民間的前提下，我們卻不能自主決定自己村落的樣子！

來自總統的拜年電話

「是松諭嗎？我是馬英九，大家除夕都過得還好嗎？」總統問著我。

「總統您好，新年快樂。我們怕大家這個年不好看會亂想，所以特別在除夕夜辦了『小林人大團圓』圍爐活動，組合屋跟外地的村民都有回來，所以很熱鬧，這個滅村後第一個除夕夜算是平安下庄了，沒有發生任何不好的事情。」我回覆總統。

「那就好，我也是一直在想著你們在組合屋裡過年不知道好不好，我知道今年過年心情一定是百感交集的！」總統略帶抱歉地說。

「那你呢？你們自救會這邊重建的進度都還順利嗎？有什麼需要我幫忙的嗎？」馬總統接著說。

聽到這邊，我頓然精神為之一振。

「總統，老實說很不好，因為現在還是如我們所討論的，小林人一直是希望重建一個有故鄉回憶與溫度的村落，而不是蓋幾棟房子的問題，但現在行政院重建會跟高雄縣政府還是強調沒有小林二村，只有慈濟大愛村，所以村民都憤憤不平，說好的『以災民為重建主體』呢？」我激動地說著。

「那你有跟陳振川副執行長表達過你的想法嗎？」總統問道。

「有啊！但是他也是很無可奈何，畢竟有些事情他也不能全權做主，而且我也知道，卡在國內幾個大型慈善團體之間，他們也有為難的地方。」我委婉地說著。

「所以，還是希望總統您能幫忙了，否則再耗下去就是三輸了，政府輸、災民輸、慈善團體也輸！」我說出我的真心話，同時真的希望能改變現在對我們極為不利的現狀。

「好，我知道了，我請賴峰偉副秘書長跟你聯繫，等過完年你上總統府一趟，我會請他盡最大的努力協助你！」總統給了我一個希望。

「好，沒問題，謝謝總統，也在此祝您闔家平安，新年快樂！」我難掩激動地掛上電話。

這是從去年十一月大愛村動土馬總統探訪組合屋以來，事隔二個多月的再次聯繫，現在我真的感到又驚又喜了，原本以為只是一通平凡的拜年電話，原本以為只會聽到制式的官腔回答，沒想到，總統會給我一個扭轉局勢的希望，我猜想，應該除了魁哥（陳士魁）外，還有許多貴人在暗中相助，所以他才會打這通電話，親自確認狀況。

年後直奔總統府拜訪

於是在過完年後，與總統府賴峰偉副秘書長約好一個時間，我就直奔總統府，身上也帶了好幾份陳情書與小林村重建藍圖，那天與會的除了我與副秘書長外，還有紅十字會秘書長陳士魁以及行政院重建會副執行長陳振川。

賴副秘顯然有備而來，開會一開始他即說道：「小林村主張的訴求我們都很了解，也知道行政院已經決定由慈濟負責杉林大愛村的重建，但既然雙方需求彼此不能滿足，行政院不能幫忙在附近找塊地幫小林村重建嗎？」賴副秘再補上一句：「總統是真的很關心小林村，他特別請我告訴兩位，務必要全力幫忙！」

此時，魁哥立即答腔：「報告副秘，紅十字會這邊沒有問題，既然我已經答應松諭要全力幫忙小林村，就一定會做到，經費方面我們內部已經提列完成了，足以蓋二百戶永久屋，但是要解決一個問題就可以了」魁哥停頓了一下說：「就是要給我們一塊地，不用太大，只要十公頃就可以將小林村完整的蓋回來了！」

「那這樣很好啊，請問重建會這邊有辦法協助嗎？」賴副祕問著

終於輪到本案的關鍵人物陳振川副執行長，陳副執行長面有難色的說：「報告副秘，不是說我們不願意幫小林村重建，老實講，我私下個人也是認同他們的主張，重建由災民主導，同時能有自己部落特色在裡面，可是……」陳副執行長緩緩說著。

「可是這個案子是在行政院重建會議上由院長正式拍板的，已經是既定的政策，如果要改變就需要一些時間好好運作，再加上，需要協調慈濟或者鴻海永齡基金會願意提供一塊基地出來，才有辦法解決，最重要還有一件事……」陳副吞吞吐吐，面有難色。

「有什麼困難你儘管說，我幫你協調。」賴副秘示意陳副把困難說出來。

「還是要麻煩總統跟院長這邊說一聲，如果院長不反對，就給我一些時間，讓我好好協調幾個團體，看能不能在一週年以前，圓滿解決。」陳副執行長終於說出他的顧慮，畢竟是院長拍板的案子，不管怎麼說，官場倫理還是得顧的，他的顧慮我認同，人民選出總統，人民向總統陳情，而總統再去向他任命的行政院長表達，人民真正的感受為何，請他盡力協助解決，符合「人民才是總統的頭家」的政治邏輯。

於是，會中達成一個簡單的共識，就是請馬總統這邊跟吳院長溝通一下，表達小林村民不急於入住大愛村，希望在尋求最大共識與相互體諒的前提下，讓災民「所想」與慈善團體「所為」之間各自圓滿，不必互相為難，但前提是，以不推翻現有執行中的案件為原則。

相互協調溝通，我也必須有所收斂

「但還有一個小小請求。」陳振川副執行長在最後說道：「就是松諭你啊，以後說話可以不要那麼衝嗎？你講話太有煽動力了，群眾都會被你煽動起來，有時候場面太難看反而讓我們更難做事，不一定是好事！」

「好，沒問題，只要副執行長這邊願意幫我們解決，我答應你，除非必要，否則到週年以前，我會約束好我們內部的聲音，不再上街頭做激烈的陳抗，讓您可以好好協調！」

當時我答應的一派輕鬆，殊不知後來內部的壓力鍋會大到快爆開，除了讓我身心承受到前所未有的壓力外，村內的攻擊與耳語幾近分裂，更衍生出後來「我戴限量名錶」、「調查局正在調查我是否污錢」以及「我教唆打人」這些政論節目的八卦及社會版新聞。

這應該也算，人生中另一種難得的回憶吧！

內部風暴即將來臨

等待的焦慮醞釀無可避免的風暴

在漫長的等待中，

小林人度日如年，

無法定案的小林二村與悶熱的組合屋，

讓人心浮動更甚過年前夕，

若不趕快安撫人心，

團結的小林人恐將逐步崩解分裂……

台灣的政論節目堪稱是一絕，不僅搶戲而且聳動程度不下於社會新聞，娛樂效果又高於綜藝節目，所以算是另類的台灣之光，連我自己也愛看。只是這一次我實在笑不出來，因為某一天我居然成了我熱愛的節目所談論的對象，重點是內容還多屬不實，讓人啼笑皆非。

話說這個知名談話節目曾在八八風災發生後不久，邀請我上節目談論滅村原因，雖然我很樂意多上幾個節目替小林發聲，但那次實在分身乏術，於是就婉拒了那次通告，誰知道之後我會變成被討論的話題人物。

不能公開的會面，讓人兩難

事情是這樣發生的。由於親自前往總統府後，得到了府方的承諾協助，以及後來行政院重建會陳振川副執行長檯面上與檯面下的奔走協調，於是我也信守承諾，不再發動激烈陳抗或咄咄逼人的言論，希望給行政部門以時間換取空間，讓小林二村出現轉圜空間。

可想而知，密會的事我不能公開嚷嚷，畢竟前面已經因為我的大嘴巴，讓鴻海郭董同意協建小林二村的事情提早曝光，以致胎死腹中，所以這一次再沒有九成九以上的把握，我打死不會洩漏半句，只讓少數幾位重建會幹部知道。

但人心是浮動的，雖著年節結束，春暖花開，南台灣的豔陽一天天地長大，毒辣的太陽照的組合屋內動輒突破三十二度以上，焦躁的天氣使人厭煩，也對遙遙無期的永久屋承諾開始感到不耐，從三月到六月，悶蒸的壓力鍋隨時就要爆炸，只需要一點火花，它就會被引燃，引爆成村內的內鬨。

回顧幾個重要時間點：

九十八年十一月十五日：杉林慈濟大愛村，動土。

九十九年二月十一日：杉林慈濟大愛村，入厝。

九十九年三月十六日：五里埔小林一村，動土。

預計一百年一月二十四日：五里埔小林一村，入厝。

而在九十九年三月，五里埔小林一村動土後，村民的耐性顯然就快用完了，距離一週年也剩下不到五個月了，組合屋內耳語四起，大家都認為會長被摸頭了！這是一場不會贏的抗爭，於是，開始有些人承受不住壓力，紛紛轉投小林一村或慈濟小林小愛的懷抱，眼看小林二村及一百八十戶的堅定主張與團結即將崩盤……。

與期待著的村民面對面溝通

在四月時我決定透漏部分訊息安撫村民，於是，四月的某一個黃昏，我召集了組合屋村民在臨時活動中心，我告訴大家：「我知道大家現在都很焦慮，坦白說，我也是一樣，很煩很煩，每天都睡不著，甚至要吃鎮靜劑才能入睡，我不想欺騙各位，小林二村進行的並不順利。」我很沉重的開場但也點出事實面，老實講，就是不順利。

「但是，今天我之所以還願意站在這裡、站在各位前面，就表示這件事情還沒有結束，事實上，關鍵絕對在最後三個月內，我希望大家再相信我一次，如果週年後甚麼都沒有，我會立即辭去會長職務，以示負責！」看得出大家都很專心的聽，表情沉重，有老人家也有年輕人，甚至還有一些不懂事的小孩被媽媽抱在腿上一起聆聽，終於有人打破沉默。

「會長，不是我們不相信你很打拚再替我們爭取啦！只是現在小林小愛早就入住了，五里埔也動土啊！大家會煩惱是不是最後會一無所有，連一間厝都沒，比山上的還慘好幾倍，畢竟山區部分危險區域民眾除了原有住屋，山下還可核配一棟永久屋，所以私底下很多人在說，已經沒小林二村啦，是會長不敢講實話！」這位較年輕的村民勇敢地說出大家的疑慮。

「我很感謝你說實話，這樣，我也比較知道要如何回答你們的疑惑，接下來，我給大家聽一段錄音檔。」接著，我打開我的Nokia手機，決定播出與總統的電話錄音檔，因為我知道，今天不解決大家心中的疑惑與釋放部分壓力，組合屋士氣將會立即土崩式瓦解，一百八十戶會瞬間剩下不到一百戶，愈來愈缺乏爭取二村的正當性，也是某些人希望發生的理想結果。

手機連接麥克風傳出馬總統的聲音，我看見村民的臉上見見有了笑容，「ㄟ，是馬總統的聲ㄟ，他也很關心咱小林人哦！」村民你一言我一句的說著，眼上深鎖的眉頭開始有了變化，取而代之的是一絲笑容，一個微妙的表情變化，卻代表一個危機的暫時化解，但殊不知因為我的大意，在週年前還有另一場風暴在等著我。

這一個下午我跟村民坦誠以對，也告訴他們我親赴總統府秘會一事，希望他們諒解也支持，村民在知道馬總統願意出手相助後，終於嶄露了笑容，大家也知道，此事涉及政府公開政策的轉彎，不可能太為難人家，這裡也要感謝陳振川副執行長，也願意在五月本案仍不宜曝光之時，受我之邀親赴組合屋，冒著被砸雞蛋的風險，再一次向組合屋居民說明本案仍在推動中，希望大家再給行政院重建會一點時間，他們會盡力協調，達成三方都可接受的方案。

回鄉之後最大的一場風暴來襲

但更燥熱的七月，距離八八週年不到一個月的時間，人心再次浮動更甚四月那波，組合屋內甚至爆發打架事件！

這件衝突我必須要負責任，畢竟它原本是可被避免的。

五月時，有理念較不同的村民質疑小林重建協會帳務不清，我當時一顆心都放在小林二村事務上，包括替拿不出文件的人取得永久屋資格等等，所以就交代協會會計盡速委請會計事務所整帳，同時公布最新的財務狀況給村民知悉，因為委託的是國內前五大事務所，所以我以為，這件事只要在六月時公布就不會有爭議了。

但經辦人員在收到事務所的相關財報後，居然忘了張貼在公告欄，於是重建協會財務不清、不敢公布的傳言四起，加上距離週年不到一個月的時間，此時，自我回鄉擔任自救會、重建協會會長以來最大的一場風暴終於引爆開來。

最終試煉，淚灑組合屋

返鄉以來最嚴峻的一場考驗

焦躁的七月天，小林人的耐性即將用盡，
細節的失誤成了引爆的關鍵，
人格的質疑與汙衊甚至成了政論節目的討論焦點，
似乎是曙光來臨前的最終考驗，
英雄或狗熊，就在一念間……

七月，此刻在南部正是溽暑，尤其是在組合屋內，那種感覺真像烤箱，如果沒有冷氣，保證三分鐘你就會奪門而出。所以大家的火氣都不小，終於在距週年不到一個月的時間內，關於我貪汙、協會帳務不清、我收錢被摸頭的傳言沸沸揚揚，我必須儘快趕快回組合屋滅火，否則可能會讓這一整年的堅持轉眼成空。

但沒有想到，事情遠比我想的嚴重許多。

會議時間是在晚上七點半，吃完晚餐之後的時間，當然，我一口也吃不下，心情無比沉重，畢竟距離公布馬總統錄音檔、陳振川執行長安撫已經又是三個月過去了，行政院重建會跟高雄縣政府顯然無意讓小林二村浮上檯面討論，所有我在行政院重建會的慷慨陳詞完全「被消失」，不見諸於任何會議紀錄，客觀上，確實毫無進展。

但現在更甚於四月的危機是，村民對我的人格操守打上問號了。

質疑聲浪一波又一波

會議開始，該名自始至終立場與自救會即大相逕庭的村民劈頭就問：「會長你不是說會公布協會的財務報表，結果呢？什麼都沒看到，表示你們心虛，不敢公布，對不對?!」

「蛤，怎麼可能沒公布！我早就交代了要貼出來啊！」我當下感到震驚脫口而出，早在半個月前我就已經收到會計師寄給我的副本了，財報沒有問題啊，有什麼理由不公布，我立即回頭看了同仁，她彷彿大夢初醒般的立即跑回相隔十公尺的辦公室，拿出會計師整理的財報，要求在場村民傳閱。但老實說，村民怎麼看的懂專業會計師做的財報呢?!其實財報已經不是重點了，重點是當你少做一個動作，就給了落人口實的機會，而立場不同的人，就是在等這種機會，他怎麼可能放棄這麼好攻擊、又容易散播的言論呢！

我抬頭看看台下這些無比熟悉的眼神，與曾經那麼支持我的人，卻沒有一個人願意站出來為我說話，於是我語氣也開始激動了起來。我不解，為了村子我放棄自己剛萌芽的事業與收入、帶著未嫁的女友回來高雄、頂住比天大的壓力、長時間服用助眠藥物才能入睡，如今，卻被懷疑我的操守！

「我跟各位保證，如果協會有任何一毛錢不乾淨地跑到我的口袋，請檢調單位立刻把我帶走，從此我不再踏進小林村一步！」我悲憤地說著：「今天我願意回來扛起這個責任，不只是為了各位活著的人，最重要的還是為了天上那些逝去的親人。我想，他們一定不忍心看見他們的孩子無家可歸、流離失所，從此，連小林村都沒了……」我必須要忍住眼淚，才能很用力、很用力的把這段話講完。

更讓我難過的是，此刻台下居然沒有一人挺身發言，我彷彿一個被遺棄的領袖，瞬間從英雄變成人人唾棄的狗熊。

激動地發誓與大哥的相挺

「我在這邊鄭重的發誓，以我蔡家兩代六十年的名聲發誓，如果我有任何不法，收了任何不該收的錢，污辱了我爸媽的名聲，可以接受任何最嚴厲的天譴！」講完話的同時，我再也止不住壓抑了甚久的眼淚，我只記得我最後幾乎是用吼的才有辦法把話講完，講完後癱軟在椅子上，臉望向地面，任眼淚不停流下，流在組合屋裡，還有餘溫的地面上……。

停頓了幾十秒，終於有個人開口說話了，熟悉的聲音，他是我大哥，平常沉默的大哥此時終於也忍不住開口：「我小弟絕對不可能做出任何貪污的事情，這是咱自救會的疏失，忘記把財報貼出來，這點應該批評沒錯，但現在財報也有了，而且還是很大型的會計事務所做出來的，絕對沒可能被人收買做假財報，這點，你們不可以誤會我小弟，我從小看他到長大，他絕對不可能做這種事情！」

我大哥沉默了三秒鐘，顯然他也在壓抑著怒氣，小林村裡起碼有好幾十戶靠著在鄉公所任職的大哥幫忙調各種戶政資料、水電資料、舊照片等，才得以申請到永久屋資格，他有感嘆很正常，畢竟有些人拜託他的時候一個態度，等確定拿到永久屋資格時又連個感謝都沒有，有時，人跟人只需要一個相互體諒，一個謝謝就可以滿足這麼多時間無償的付出，難道不值得嗎？

「我蔡家絕對不會做對不起小林的事情啦！若有天打雷劈！」大哥忿忿不平地說著。

一封封的鼓勵簡訊重振沮喪心情

會議結束，我悵然地開著車離開組合屋，心情沮喪無比，還鄉為小林打拚的一切歷歷在目，我問自己：「值得嗎？」我答不上來，我也沒有答案，此時，手機螢幕突然同時傳來幾則簡訊。

「阿諭，我聽到你今天受的委屈了，很抱歉我沒在現場，沒辦法替你講話，但咱台中的小林人都絕對挺你的，你放心，請好好保重，為小林二村堅持下去！」

「同學，我阿傑啦！我比較不會講話，但你是我們六年五班的驕傲，我們全班都絕對挺你到底，不要想這麼多，堅持下去就對啦！」

「松諭，我是阿仁的姐姐啦！我知道你很委屈，也百分之百相信你，你要堅強，你是我和很多人的偶像哦，要帥帥地拚下去，我們會做你的後盾！」

一封封簡訊傳來，我的眼淚又再次潰堤，你們怎麼可以這樣，讓我絕望到想要放棄的時候，又給了我堅持下去的動力，討厭的小林人，就是讓人又愛又氣！

正當我納悶著怎麼大家不約而同的傳簡訊鼓勵我時，我收到了來自燕誠的簡訊。「阿諭，你不用給他想這麼多，就是拚下去就對啦！我叫不住組合屋的人傳簡訊給你，要你知道還有很多人很支持你、很相信你，已經堅持到這來了，你絕對不能放棄，放棄咱一路來的堅持打拚就攏無意義啊！」

原來，是好兄弟燕誠一個個打給外面挺我的小林人，要他們一人一封簡訊鼓勵我，唉，這不就是我們小林人可愛的地方嗎？

謝謝你，燕誠以及那天傳訊或打電話鼓勵我的人，謝謝你們給了我支持到八月八日的勇氣，才有了後來的「日光小林」。

但這件事並沒有結束，還衍生出了兩個插曲。

我成了社會版頭條與政論節目的話題

一是因為我的國小同學阿龍從越南回國後，得知我遭受這樣的質疑，且帳務問題在當時已經獲得澄清，於是在一個喝醉的夜晚，找上了那位出言質疑我的村民，結果一言不合打了起來，陪同的燕誠因為攔不住最後演變成二打一的互毆事件。

隔天一位好事的紀錄片工作者，怎麼會放棄這樣聳動的題材呢？於是立刻慫恿被打的這位村民報警以及找記者爆料，結果經過添油加醋的報導後就變成「小林自救會蔡會長因不滿被質疑帳務不清，於是叫唆同學與幹部毆打該村民！」於是，我就上了社會版頭版了。

接著，我熱愛的政論節目便邀請該村民上節目受訪，從他被打開始討論起，後面就出現：「蔡會長疑似污錢，所以不滿被質疑帳務不清，才會涉嫌教唆打人」、「不管有沒有貪汙，打人就是不對。」、「聽說調查局正在調查，隨時有結果會公布，真相會很驚人！」

接著輪到一位女性名嘴了。「我有在注意這位年輕的會長，如果你們有注意看，他手上戴的可是某名牌的限量名錶，限量的哦！你們就知道那價值多不斐，請問，他買錶的錢從哪裡來？當會長又沒有薪水，哪來的錢買名錶呢？大家都心知肚明啦！」她斬釘截鐵的說著，彷彿她家也收藏了一隻同款限量名錶般的熟悉。現場名嘴你一言我一句，真是好不熱鬧啊！

「我的天啊！一支瑞豐夜市買的三百九十元手錶可以被講成知名品牌的限量名錶?!」是這些名嘴太具有天馬行空的想像力，還是製作單位說謊不打草稿？

當關心的電話一通通地想起，開著玩笑說聽說我有一支限量名錶，能不能便宜賣他時，我都會回他：「好啊！你給我限量名錶的錢，我去瑞豐夜市買一支送你好不好！」電話中的兩頭一起哈哈大笑。

重建契機出現，出發前往花蓮

其實我是苦中作樂，誰會喜歡被抹黑、栽贓的感覺，只是一方面我了解部分名嘴準備資料的時間有限，有時只好信口開河，聽來的講的好像身歷其境一樣真實，這種事後道歉的戲碼至今仍屢見不顯。二來事後我也跟這位知名主持人通過電話，我表達了我的不滿，他也委婉表達了歉意，可能求證部分不夠完整，希望下次有機會再邀請我上節目講清楚。

「好的，如果八八週年沒有一個圓滿的結果，我希望能上貴節目說明這一年我們的委屈。」掛上電話，我要趕快收拾心情了，因為在烏龍爆料之後，距離週年只剩一個月的時間了，在陳振川副執行長的邀約下，我與自救會的幹部正在思考，是否真要前往花蓮慈濟與慈濟人再談一次，這，真的可以改變事情嗎？

「松諭，你們一定要到，這次的拜訪真的很重要！」陳振川略顯激動地要求著。

「好，我們協會常務理事與常務監事全員都到，再相信副執行長一次！」

七月七日早上八點，小林自救會一行人連同簡文敏老師共七人，決定親赴花蓮慈濟，為小林二村的解套做最後一次拚搏吧！

慈濟的和解之行

小林二村的新曙光

這趟和解之行，有著重大的意義，
也讓小林二村出現了轉機。
我到現在還記得那天的氣溫、空氣中的味道……
天氣很好，但是我們一行人的心情，卻是非常忐忑的。

這一天一早八點，小林自救會的幹部準時出現在我家樓下，於是我們一行人浩浩蕩蕩地從高雄市區啟程前往花蓮慈濟，我們定調這次為和解之旅，希望與慈濟的紛紛擾擾能在這次拜會後化解僵局，讓雙方迎接一週年後的新局。

除了梓潔不克前往之外，常務理事F4全員到齊，F4是當時有人替我們四個拚命三郎取的外號，有燕誠、報寅、偉民跟我，還有常務監事周柄橙大哥夫妻，有時想來命運真奇妙，這個陣容幾乎是我回鄉一個月內自救會的主要團隊，看來老天做事是把人先挑好，再讓你們自然而然地走在一起，成為革命夥伴，跟戀愛的道理高度相似。

還有很奇妙的是，人總是會對生命中的某一天、某一刻記憶特別深刻，即使過了很久仍彷彿記得那一天的天氣、溫度與空氣中的味道，這一天就是一個讓人過了十年都還記憶猶新的一天，正確地說，是兩天一夜。

週年前夕重要的一天

「七月七日，天氣晴，溫度炎熱，空氣中有鹹鹹的海味，心情忐忑不安。」我在腦海中的日記本，清楚記下關於這一天的回憶。

走了近二個多小時的南迴公路後，中途我們在台東第一站的大武用餐，聽偉民說起之前接工程時常跑台東，一副識途老馬的姿態，領著我們尋找在地海味，好好飽餐一頓才有氣力繼續往前，畢竟到花蓮市至少還要再開四個多小時，全程超過七個小時。我突然想起世界展望會好像在台東大武蓋了一個永久屋部落，不久後就在濱海公路台九線旁看到「大武部落」的引導，於是我們決定前往一探究竟。

大武永久屋，其實前身是台東大武鄉排灣族富山部落，也是八八風災時受創嚴重的部落，所以災後沒多久行政院重建會就將舊部落畫為危險區域，並委請世展會協助在舊大武國小校地興建約三十幾戶的永久屋。老實說第一眼的感覺真的很美很舒服，畢竟家住在太平洋隔壁，光用想像是件很浪漫的事，可是我們也無法真的體會天天看海、吹海風到底是浪漫還是單調，畢竟欣賞海景是屬於旅遊的範圍，而不是生活，更何況，這些居民原本住在大武山上，從山裡搬來海邊，一時半刻還是很難了解他們真正的適應狀況。

因為當時大武永久屋住的人並不多，我們也沒有熟人帶路，感覺上一群人在那裏探頭探腦的，對住在裡面的人其實蠻不禮貌的。將心比心後，我們就決定不要打擾人家清靜的生活，以免勾起不愉快的回憶，所以連照片也沒有拍，我們就快步離去，繼續前進。

美景讓人許下報答家人的心願

沿途中我突然有感而發地跟報寅說：「好漂亮的海景啊！上次到花蓮已經是念大學時的畢業旅行了，沒想到這趟再來，竟然有這麼重大的任務在身。」我看著蔚藍的大海，繼續說：

「如果這一趟真能解決永久屋的問題，我一定要好好放一個假，帶我女朋友來花東玩個七天，電話直接關機，就這樣每天看海、吹海風、吃海鮮，那才是真正的放鬆與享受，不像現在啊，眼睛看的是美景，心裡卻在想明天到底能不能談出個好結果。」

報寅手抓著方向盤，回頭看了我一眼說：「多講ㄟ！一定要永久屋確定後，帶某子做伙來花蓮度假，彌補這次當司機的遺憾！」我們相識一笑，真的，大家想的還真是差不多！以後一定要彌補另一半，專程帶他們好好來看海！

結果，報寅在八八水災後數年後完成了他的願望，而我，卻還在等待實踐承諾的那一天。

看見慈濟初衷與付出

終於，經過了四個小時海天一色景緻後，我們終於來到了花蓮市，總共開了快八個小時的車程，晚餐大家簡單用餐後就一一盥洗準備上床睡覺，睡前大家也沒有多聊什麼，畢竟任務很清楚，目標很堅定，不如早早休息補足體力，迎接明天的拜會。

一早起床用完早餐後就迅速退房，畢竟不是來度假的，大家都希望盡快完成此行的任務，到了花蓮慈濟靜思堂後，說明來意後有位師兄引我們入內，並開始一一為我們做完整的導覽行程，了解慈濟基金會篳路藍縷的擘建歷史。其中也介紹了慈濟基金會運用高科技投入救災的創新，例如：香積飯。就是用熱水沖泡即可食用熟飯的技術，對缺乏物資的區域第一時間真的很救命，我還記得有運用廢棄寶特瓶回收後做成各種產品的技術，坦白說這些創新不只對台灣人幫助很大，相信用在全世界的救災，都會是很了不起的成就。

就事論事，做為一個慈善團體，慈濟是有著很多令人佩服的成就，甚至一度是台灣人的驕傲，畢竟在外交處境困難的台灣，慈濟曾幫台灣做了很多令人感佩的「國民外交」，只是，橫在我們心中的疑問是：「曾經那麼貼近這片土地最基層的慈善團體，為何八八水災會顯得傲慢而浮誇，例如：大愛石、立雕像等等，完全不像我們過去從小認識到大的慈濟了?!」

我們今天，也是想要找到這個答案。

參觀完基金會安排的導覽行程後，引導的師兄引我們進到一處幽靜的會客室，我們脫下鞋子耐心等候著，接著，發言人何日生出現在我們面前。原來今天與我們會談的對象是前知名主播、時任慈濟發言人的何日生先生。

再見何日生雙方再破冰

雙方再度互相交換名片，而我因與何發言人有過多次會面，所以直接握手寒暄，互相問好，確實從大愛永久屋爭議後，我們就再也沒有機會見到彼此，某種程度，也算是在彼此隔空開火後的破冰吧。

其實何發言人非常清楚我們來訪的目的，就是希望慈濟能同意讓出一塊基地讓我們重建小林村，但何發言人本來就是公關界的沙場老將，態度一直保持得很客氣，謙恭有禮而不逾矩，始終未就問題正面答覆，但一再重複表示：「尊重政府的決策、尊重災民的決定」讓我們也聽不出到底是好還是不好，這就是遇到口才很好的人時，一定會出現的狀況。

但話語中，發言人卻透露出一個重要訊息，就是一週年後，慈濟不會在原有的「小林小愛」園區上，再蓋新的永久屋了，這難道意味著慈濟決定鬆手小林二村的議題嗎？一旦慈濟不再協建新的永久屋，那此刻住在組合屋內的小林村民勢必得另覓地點重建，雖然不確定慈濟的真意為何，但似乎，雙方的口氣不再那麼堅定與針鋒相對，隱約感覺到事情就要有轉機了……。

在會談近一個多小時後，我們向何發言人與接待的師兄師姐答謝，一行人便離開中央路的靜思堂，並在市區找間小館用餐，席間大家彼此交換此行心得，想要確認聽到的是不是一樣。大家熱烈地討論著，每個人或許聽的重點不太一樣，但歸納後得出兩個結論。

沒有結果的結論，卻是小林二村的曙光

第一，慈濟沒有給出任何正面答覆，但似乎隱約表示週年後不再過問小林二村的重建事宜，也就表示只要解決土地的問題，小林二村就可以興建了。而這點我有把握，土地的部分鴻海郭董有過承諾，且永齡農場一直保留著最邊緣的一塊土地並沒有開發，只要行政院

同意，土地的問題不難解決，而因為這塊地形最像原始小林村長形的輪廓，因此我們也最屬意此處重建小林村。而永久屋的重建經費方面，紅十字會秘書長陳士魁已經在卸任前將它編入九十九年度預算內，只要沒有拖過今年，經費也不成問題。

第二，此行的目的好像不是來得到慈濟的某種承諾，而是陳振川副執行長希望雙方能化解某種程度的誤會，唯有把誤會解開，雙方不再針鋒相對，行政院才能接著推動小林二村，換個台灣白話講，就是搭個樓梯給彼此走下來，唯有關係和諧，做為公部門的行政院才好介入處理。這樣一來，陳副執行長一直催著我來慈濟的目的終於解開，他們，有公部門的難處，她們，有基金會的立場，而我們，始終只有一個目標，而任何可以通往目標而不損及權益與尊嚴的事，我都願意做，二話不說。

於是，這把給三方面都有台階下的樓梯搭好，似乎就等八月八日的週年就會有個美好的結局，但真的是這樣嗎？

電話響起是原住民團體好朋友的來電，電話中希望邀請我們一起參加八八週年在凱道的抗議守夜活動，但陳振川也表示，八月八日馬總統會親赴組合屋，希望我們不要再節外生枝，到底該怎麼做，又是另一個天人交戰的關鍵時刻，近一年的等待，即將掀起最後一張底牌……。

小林自救會一行人遠赴慈濟花蓮，與何日生發言人會務進行了和解之旅。
圖片提供／簡文敏

週年前夕的兩難抉擇

凱道夜宿或留守組合屋

災難發生即將一週年了，自救會面臨了兩個選擇，
再次北上夜宿凱道陳情抗議？
還是，在組合屋等待馬總統前來揭示是否興建小林二村？
兩條路各有優劣，到底該怎麼做？
考驗著自救會的智慧與判斷力。

在八八一週年前夕，自救會遇到了很兩難的抉擇。一是帶著親人的神主牌北上夜宿凱道，用最激烈的抗爭手段度過一週年；二是在組合屋等待馬總統親自前來揭曉，是否同意興建小林二村。這二套劇本，各有難處，其中第二套劇本又有兩種結局，天堂與地獄。

思考激烈抗爭的必要性

先來說說第一套劇本。北上夜宿凱道。由於重建的第一年慈濟堅持在各地興建大愛村，而本次受災區域除小林村外多為原住民區，因此對文化的認同度非常強烈，而大愛村又帶有濃厚的佛教精舍風，說實在的，跟原住民族色彩豐富自由隨興的風格差異甚大，更不用談原住民族虔誠的基督信仰，所以無法接受慈濟大愛風格者眾多，在重建區域均有相當大的反彈與不滿存在。

再加上，由於許多原住民區域對於自身的居住地被劃為「危險區域」也有諸多意見，因為一旦被劃為危險區域，就表示安全堪慮不宜人居，政府會強制你遷居至最近的安全地點，由於危險區域通常不會只有一戶，所以往往是十幾戶至幾十戶，甚至百戶以上一起遷徙，故通通稱為「遷村」。

可想而知，假如劃定危險區域的時間太快、溝通說明的時間又不夠，就跟小林村遷村討論的時程太短一樣，最終會因內部凝聚共識的時間太短，而讓內部產生同意遷村、不同意遷村二派，進而讓原本團結的一個村落演變為兩種意見，最後成為分裂的結果。

除了小林村一分為三之外、那瑪夏鄉的南沙魯村、桃源鄉的勤和村其實都有著類似的背景，我想這也不是為政者擬定政策時所樂見，只是我說過，如果給予內部形成意見的時間太短，分裂只是遲早會發生的結果。

因此不論是對慈善團體，也有人用慈善霸權來形容，主導重建的不滿，還是對於劃定危險區域認定的質疑，或是興建中繼避難屋的訴求未果，通通在週年前夕，集結為一股反對力量，希望能在一週年前夕這天，上凱道夜宿表達心中怒火，而其中，身為災區重中之重的小林村，是否參與這次的夜宿行動就成了眾人的焦點，當然，原住民的好朋友們都希望我們能夠參與本次行動，給週年行動注入最強的強心針。

抉擇的關鍵：你相信馬總統嗎？

但，由於二月底在總統府獲得的允諾，以及陳士魁秘書長的穿針引線，加上陳振川副執行長一路來的轉變，又安排了重要的花蓮慈濟和解之旅，最最重要的，是在慈濟行之後，八八週年前一週，又獲知馬總統將於八月八日週年晚上親赴小林村，種種的不尋常又透露出一種即將掀開底牌的氣氛。只是這張底牌是Ace，還是一張鬼牌，沒人又把握，這就是我說的天堂跟地獄兩種結局。

於是最後一週，自救會幹部幾乎是沒有停止過討論，各種論點都有，而我也幾乎不斷地接到兩種立場的關切電話，有極力勸進參加凱道夜宿行動的，也有極力勸阻，希望我留在組合屋等待馬總統答案的聲音，二者勢均力敵。

通常在我很難下決定時，我往往會想起一句俚語：「聽某嘴，大富貴。」所以在忙了一天回家後，遇到猶豫不決難以下決定的事情，我通常會想聽聽太太的意見，畢竟她是局外人比較冷靜，也沒有雜音的干擾，更不會有人情的包袱，而最重要的一點：「她是全世界最了解我的人」，知道什麼決定才是我內心真正的想法。於是我將這二種決定以及我的擔憂通通告知了她，而聽完我極冗長分析的她，卻只用了短短幾句話就讓我有了答案。

她說：「你當初決定後面半年都不要有激烈動作，不正是因為你相信馬總統的承諾嗎？那你現在還是相信他嗎？」我猶豫了一下，決定先反問太太：「先不要問我，那妳呢？」太太以堅定的語氣說著：「別人我不敢說，但如果是馬總統，我會相信！」我立刻回問她：「跟外型沒有關係吧?!」她翻著白眼回答說：「廢話，當然沒有關係啊！都什麼時候了，跟帥不帥哪有關係，主要是對人的一種感覺，他如果答應的事，除非是影響太重大的政策，否則我覺得，他會言而有信。」

「難道，你不相信他嗎？」換太太好奇我的答案了。「我相信啊！如果不是因為相信他，我也不會在這裡被這麼多人誤解大半年，都說我被摸頭，其實從八月十九日那次他在龍鳳寺對我媽媽照片說的話，我就相信他一定會兌現承諾，只是沒想到……」我有點感嘆起來：

「原來在台灣當總統並不是什麼都你說了算，也不是你想要怎麼幹就可以怎麼幹，有太多政策面的一貫性需要考量，與這些大型慈善團體關係也不能搞壞，什麼關係都要顧慮，畢竟這些都影響著下一次的選票。」

人生最重要的一個決定

「那所以，你的最後決定是什麼？」太太眼睛發亮地問著我。「我想，既然他都願意選在這麼敏感的一天親自來到組合屋見我們，理論上不可能沒有準備好就敢來，雖然陳副一直不肯透漏任何口風，不管我怎麼逼問他，但直覺告訴我，他們應當有備而來，答案絕不會太差！」我接著說：「但是如果此刻選擇北上，前面忍耐大半年、在組合屋裡被汙衊的辛酸與眼淚、電視談話節目裡被影射的貪汙加教唆打人的委屈，以及最後開了十六個小時的花蓮和解之旅，等於全都白費了，前功盡棄！」

「所以，就再賭最後一次吧！」我從床上跳起，眼神已透漏了決心。「如果這次被騙又落空，我也認了，反正要辭職下台負責、要扛神主牌到總統府夜宿都無所謂了，我就跟他拚一次，這一晚，就當是我人生最大的一場豪賭，英雄或狗熊，交給老天決定吧！」隔天一早，我向自救會幹部宣布了這個決定全員留守組合屋，擬定雙劇本迎接馬總統到來。

燕誠跟報寅立即表示贊同，就連向來最鷹派的梓潔竟然也表認同，千萬不要以為女生一定就是鴿派，梓潔是自救會的一隻大老鷹，而周柄橙大哥及偉民也都同意，於是自救會核心幹部達成一致決定：「留守組合屋迎接馬總統。」

我跟報寅分頭聯繫幾個邀約的原住民團體，再三向對方表示歉意無法參與凱道活動，並取得對方諒解，我也向對方強調：「唯有小林二村一案解套，整個重建政策才會順理成章的轉彎，你們的訴求也才能一一達成，我們就分頭行動，但互相祝福，只要有一方順利，一定能影響另一邊的訴求也達成的！」

就這樣八八週年前三天，我們做了最終決定，但還有一個難題等著我們：「如果順利當然沒有問題，但如果當天又只聽到空包彈或是模擬兩可的制式回答，我們該如何應變呢？」

看來，還是得擬好兩套劇本等好戲上演了！

咱有厝啊！

終於，等到自己的家了！

終於，人生中最重要的一天，攤牌的時刻到了。
飄著雨的下午，演練著兩種劇本
民國九十九年八月八日八點，
我永遠難以忘懷的這一天與這一刻，
相信在我人生最難忘的前三大時刻，它一定榜上有名。

這一天下午飄著細雨，但沒有因此澆熄從外地趕回來參與這個歷史時刻的小林村民，尤其是對選擇小林二村並且堅持一整年而不受動搖的人而言，親自參與這一晚的歷史時刻當然不能缺席，再忙都要趕回來。

就在飄雨的戶外廣場，我們搭起了棚子，因為晚上總統會先跟村民進行簡單的餐敘，之後再與自救幹部進行關鍵的最終協商，最後再由我第一個上台，對全體村民宣布協商結果，一年的堅持，就在今晚揭曉。

請大家再相信我一次

於是在下午四點鐘左右，全體村民齊聚在戶外廣場的遮雨棚下，等待著我向大家說明今晚的沙盤推演，以及可能的二種結果。我緩緩走上為了今晚搭建的舞台，拿起麥克風，停頓了三秒後，用一貫的聲調開場：「今晚，會是最後的攤牌之夜，會是決定有沒有小林二村的關鍵之夜，過了今晚，時間就不會再站在我們這邊，我也清楚地知道，在座有些人已經對我採取的互信策略，用盡了最後的耐性，但我希望，你們能夠像一年以前八月十五日的頭七、以及九個月前十一月八日重建協會成立那天一樣，再相信我最後一次，今晚全力團結，好不好啊？」

現場第一次響起的回應聲稀稀疏疏，幾乎聽不到，於是我不死心的用力再問一次：「你們可以再挺我最後一次嗎，好不好啊？」這次回應的聲音顯然比第一次大很多，但還沒有達到我想要的熱血沸騰。「我再問一次，你們到底要不要小林二村，要不要跟他們再戰最後一次，還是你們，已經決定要認輸了呢?!」

「甭認輸啦！戰到底啦！」、「今晚哪毋小林二村，我一定扛神主牌去總統府放啦！」、「對啦，五百位往生者的神主牌啊，通通扛來放總統府陪總統睏！」現場吼聲不斷……。

沒錯，就是這樣的鬥志，這就是我們頭七時質問長官的氣勢、向監察院陳情媒體前驚天一跪的團結、也是災後百日凌晨三點北上包圍行政院的決心，這就是，平埔勇士出征前的戰鼓齊鳴！「所以接下來我要跟各位預告兩種結局，這二種結果簡單講就是生與死，生沒什麼好講的，就是有小林二村的好結果，咱就是好好感謝總統，感謝他言而有信！」

「至於『死』的結局嗎……就是失去小林二村的壞結果，我們大家必須注意看我的暗號行事，才能在第一時間立即反應給在場的媒體，讓政府失信的答案馬上轉播到全國各地去，錯過今天，可能就會錯過最好的時機。」沒錯，錯過今天就再也不會有這麼多的媒體在同一天出現了。

在過去一年當中，從災後第一個月各家媒體輪流守在龍鳳寺的盛況，到最後連開記者會都只能見到熱血的青年公民記者願意報導，所以，我們一定要把握今天全國媒體齊聚一堂的時刻，不管有沒有效果，必須賭最後一把。於是我問大家：「萬一馬總統帶來不好的消息或是迴避問題，我們該有什麼動作？」

小林人的沙盤推演

說完後大家一陣沉默，說實在的，今天一週年的日子心情已經夠糟了，我們卻連憑弔先人的心情都沒有，還得想二套劇本，更難的是，今天也不可能在宣布沒有小林二村後，要大家立刻衝回家去把神主牌請出來，雖然這招保證成為隔天的頭版，但這件事我實在做不下去。

四周無聲片刻，我抬頭看了一下仍飄著細雨的天空，突然想起了災後第八天在鄉公所的驚天一跪，「就下跪吧！」我打破沉默說著：「就向老天爺下跪吧！如果祂真的這麼殘忍，滅了我們的村，還要在我們辛苦堅持一年後，再狠狠打破我們重建家園的心，那就跟老天爺下跪，請祂放過小林人吧！」

「也是跟全國民眾下跪，告訴他們，我們真的絕望了……」

說這話的時候，不確定臉上流的是淚，還是落下的細雨沾濕，只記得臉龐濕濕熱熱的，喉嚨卡卡的，可能再多說一句話，眼淚就會潰堤而出。我已經看見現場有些女生在拭淚了，我最怕這種場面，因為哭泣是會傳染的，只要一個哭、二個哭、十個哭，最後就會哭成一片，但我必須當那個最後哭泣的人，除了公祭那天，在追思影片中看見了父親的身影，我成了全場第一個哭泣的人。他的身影，總是讓我想起還是當個孩子的時光，那樣美好而雋永。

但今天，有需要的話，這個小林孩子仍然只能是最後一個哭泣的。

所以我低頭擦去臉上的「雨水」，下一秒大聲告訴大家：「如果等一下結果不好，我們就下跪吧！等會議結束不論結果，我都是被安排第一個上台的人，如果結果不好，我會像當初在鄉公所那樣，二話不說第一個下跪，就請大家看到我下跪後，就全場一起下跪，我會當著全國媒體的面，公開控訴這個政府言而無信、總統言而無信，他們是如何地愚弄百姓，犧牲人民對政府僅存的信賴！」

「但是，如果結局是好的，我就會在第一句話就告訴大家『咱有厝啊！』開門見山不賣關子，讓大家心安，這樣好不好?!」在場村民紛紛讚聲同意，就這樣吧！今天的心情實在很難有什麼其他的動作，畢竟晚上還要先吃一頓飯，還是讓大家好好吃完這頓飯吧！

何況，事情真的沒有這麼悲觀，從種種的跡象看來，馬總統帶來好消息的機會還是比較高，但我寧可先降低村民的期待，免得又事與願違，期待落空反而受傷更重。就在將近五點散會前，雨勢突然停了，莫非是老天爺給的暗示，大雨過後終將放晴，彩虹再現？

馬總統到場，即將帶來什麼消息？

晚上六點半左右，總統準時抵達會場，現場仍然響起了熱烈的鼓掌聲，也許有人樂觀的認為，鼓掌的愈用力，成功的機會就多一些吧，我也不自覺手拍得更大聲了。總統一向來賓與村民打招呼，但不同以往的，這次沒有先讓總統上台講話，而是先吃飯，預計吃到七點半左右，自救會代表就會與總統一起進到會議室，進行最後的會談。

終於用餐到了最後的水果與甜湯，於是幕僚前來請示總統，是否開始進行會談。在總統表示可以開始後，與會人員紛紛起身走進一旁的會議室，村民代表是自救會六位常務理監事、以及小林一村、小愛小林等各地代表，少數獲准入內的非小林人身分就是一路陪伴我們的簡文敏老師了，這麼久了，連官方代表都認可簡老師「半小林人」的身份了。

看到這裡，你是否以為會談是在刀光劍影中進行？或是激烈的叫囂還是拍桌？還是下跪陳情的橋段？結果完全沒有！會談是出乎意料的平和，在制式開場與我的直接提問後，總統緩緩地說道：「這件事情，陳振川副執行長都有向我報告，我也了解大家渴望追求小林二村的決心，既然這是我的承諾，我就一定會做到，我們也都感謝社會上各個慈善團體的協助，才能在這麼短的時間內協助政府重建，我也知道你們自救會在上個月有特別到花蓮一趟，化解了一些不必要的誤會，我相信這是對社會良好正面的示範。」

總統停頓了一下，大家繼續屏氣凝神地聽著，好像一根針掉在地上都會被嚇一跳的氣氛，他接著說出了我們等了一年的答案：「所以我想，行政院這邊應該可以很快的來『推動小林二村』的專案，只要，能解決土地與經費來源的問題。」

「有啊啦！」大家強忍內心的激動歡呼，幾乎失控喊出！就是這句『願意推動小林二村』，雖然基於總統高度講話必須四平八穩，但答案已經呼之欲出了，咱有小林二村了～～咱有小林二村了～～咱有小林二村啦～～」

自救會幹部都回頭看了彼此，眼神交流中我們知道，我們終於完成老天給的考驗了，經過了漫長一年，感覺好像三年這麼長的等待與堅持，加上各種人性的考驗，我們終於等到了小林二村，陽光，終於重新落在小林村了！

至於那句「土地」問題與「經費」問題，我們老早就已經解決而胸有成竹，在此要再一次感謝鴻海郭董的永齡農場願意割愛，讓出約莫八公頃的有機農場腹地，其中的五點六公頃能做為小林二村的基地；而重建團體的興建經費已經在紅十字會陳士魁卸任秘書長前編列預算了，所以這二個問題基本上早就不是問題了。

等了一年，終於有家了

似乎已經有人躲在窗戶旁偷聽到答案，將好消息流了出去，就在我與總統同時走出會議室時，群眾的眼神已經掩藏不住他們的喜悅，但，在沒有聽到我的第一句正式宣布前，大家仍然不敢掉以輕心，都記著下午出征前的教戰守則，以我的第一句話定生死。

「咱有厝啊！咱有厝啊！」經過一整年的堅持和等待，咱，終於有厝啊！我彷彿要用盡全身氣力的喊著才甘願，不只是因為一年的等待，而是這是一件，本來已經幾乎不可能改變、是一件行政院既定推動中的政策，被我們用堅持與毅力，硬生生把這個「曾經宣告心臟停止」的案子從懸崖邊搶救了回來！

台下的每一位小林村民無不放聲大叫與嘶吼，參雜著歡呼聲與些微哭泣的聲音，大家都留下了歡喜的眼淚，因為這一刻，真的等了好久，那種好久，不是時間長短的問題，貼切的描述是：「就像你在一條黑暗的隧道裡迷失了，而你卻不知還要在黑暗裡多久、不知隧道還有多長才到盡頭，才能再見光明。」

最後在我簡短又激動的致詞後，我們把掌聲獻給了在最後一刻拍板定案的馬總統，或許有人會覺得這只是總統該做的事，但唯有親身經歷過這一切的人才會明瞭，即使身為一國元首，許多事也不是你說了算！我一直很清楚，我們感謝的不是馬總統，而是一個願意信守承諾的馬大哥！

一如馬總統的風格，他用四平八穩又較平常流露更多情緒的致詞作為結束，或許，他也深刻感受到在場村民欣喜的情緒而受到感染，於是全場村民一起走到事前準備好的燭光舞台前，一個排成大大「家」字的蠟燭舞台，那是一群人用了整整一個下午的時間重複排列，以上百個小蠟燭排成的字體，一個大大的「家」，點燃的一刻，就象徵在今天八八一週年時，我們終於有「家」了！

那一晚，將會成為永恆

那一晚的畫面，就像一幅最古老的活字印刷，永遠刻印在每一位身在現場的小林人心中，注定將會成為，一個不朽的永恆。

在總統及來賓離去後，自救會幹部的每一個人與村民一一擁抱致意，那晚大夥都聽到了不絕於耳的感謝聲，很奇妙的，那些發自內心的感謝真的有去憂解悶的效果，過去的委屈辛酸，竟然都一掃而空，那些被誤會、汙衊、中傷的片段，彷彿按下了Delete，從記憶暫存區刪除，也希望它永遠別再被找到了！

此刻，我正開著車返回租屋處，當時還是女友的太太就坐在我的旁邊，謝謝她的一路支持與陪伴，也謝謝日後的丈母娘願意成全，讓還沒有名分的她陪著我走過人生最辛苦的這一程，我握著她的手，眼中滿是感謝與激動，我拒絕了燕誠跟許多好兄弟的邀約，沒有在組合屋裡以喝醉作為這個晚上的釋放，今晚，就讓我好好陪著太太，一起「回家」，慢慢品味著一年以來，我第一次真正的微笑吧！

風雨過後，陽光就在身後，看，彩虹又出現在山的那頭了！

馬總統正式同意小林二村推動後，行政院開始修正各地的永久屋政策，包括屏東慈濟長治百合二期基地、嘉義的山美部落、樂野部落、高雄新開部落樂樂段勤和避難屋，以及那瑪夏民權平台等地。八八災民終於爭取到了以災民為主體的「自主重建模式」，這是永久屋政策中最重要的一場集體勝利。
圖片提供 / 巫宗憲

第四章

沒有說完的故事

最後，小林村的所有人都有了家，
終於，走過了十年我們贏得了國賠訴訟。
過程中，受到很多人的幫助，小林人點滴在心頭。
還有些故事，沒有說完，
更多的是滿心的感謝，真的，謝謝您們！

留下家的記憶與味道

希望你喜歡我說的故事

這本書其實早在八八水災三週年時，就一直接到台灣首位食神傅培梅大師公子——程顯灝社長，透過秉新姐捎來的鼓勵，希望我能將重建的歷程寫成書，但當時因為種種因素而未能進行。之所以以傅培梅大師公子的方式介紹顯灝社長，說實在是我又忍不住想起了，那些大家擠在我家門口看著傅老師教做菜的畫面，也構成了我生命中回憶中的一部，只是我沒有顯灝哥幸福，能吃到傅老師親手煮的菜。

但對我們而言，在乎的，都只是媽媽的味道，而無關大師。

這正是我書寫這本書最大的動力，親手寫下那些關於小林村的故事，以及那一年，我們努力蓋回小林村的樣子，這樣的回憶不只屬於我，也屬於那些年一起打拚、一起堅持的小林人。

真心希望，你喜歡我講的關於小林村的故事，如果喜歡，我還會繼續講，我想讓更多人愛上那個，你來不及認識的小林村，還有讓更多小林人想起我們的故事，包括那些八八後才出生的小林新生兒，去認識這個你應該認識而且保證會愛上的──小林村──我們的家。

當然，也包括我的二個寶貝女兒還有肚子裡那個未出世的小男孩。

再見，我的愛

心裏的愛成為永遠的遺憾

我要親手寫下小林村的故事，
那些小時候的回憶、那些災後的齊心合力、那些重建的故事，
當你讀完小林村的故事，
你，一定會愛上它！

小林村的滅村事件是台灣天災史上最難忘的一頁，用四百六十二條人命寫下最悲痛的教訓，就算放諸世界，這樣慘痛的單一區域天災，也是史上罕見，那究竟，它是如何形成的？先來回憶，當天發生的經過，但在這裡我要先聲明，由於我並非現場目睹災難經過的見證者，所以過程的描述，全是來自於當初親訪多位倖存者，以及客觀資料的對照，所建構的完整災變過程，但我相信，這是極度貼近真相的還原。

二〇〇九年八月九日滅村經過還原

一位倖存者形容當天清晨的狀況，那時約莫六點鐘，他站在家門口跟出來「巡田水」的鄰居聊天，這位鄰居也因為巡田水而逃過一劫，突然間他見到獻肚山的一塊山坡地崩塌下來，崩塌的速度非常快，瞬間掩蓋了小林國小，於是他們立即驚慌失措地跑到二樓觀察對面崩榻的情況，說時遲那時快，在聽到一聲近似於「地裂」的哀鳴聲音之後，更大量體的獻肚山坡以迅雷不及掩耳的速度，向小林村十至十八鄰的村落襲來，這裡包含了全村近九成以上的房子以及人口，包括北極殿以及小林商店等民宅，全都集中在這個區域。

大量的土方立即掩沒了區域內所有的民宅，只剩下隔著「九號橋」的第九鄰未被掩沒，而遭掩沒的民宅也被巨大的力量連根拔起，不管是沒有地基的傳統土角厝，還是後來新建鋼筋水泥的樓房，通通被擠壓到楠梓仙溪的對岸，也就是原本望去整片位於楠梓仙溪右岸的房屋，通通被擠壓到左岸，這崩塌下的土方夾帶二百多間的民宅，以及四百六十二位的村民，以巨大的重力加速度撞擊左岸的山壁，導致左岸的山壁在猛烈撞擊下，再崩落更多土方，將美麗的小林村掩埋在原本的河道之上，而這幾十秒的瞬間，恐怕所有的小林親人都已香消玉殞了……。

這個時間大約是天初亮的時刻，有人說大約是六點零九分，沒有人能說出最準確的時間，這個時間畢竟是依據，一位小林人在那天早晨與母親最後的通話時間來推斷，在那通電話的最後，他聽到了一聲巨響以及母親大喊山崩了，從此天人永隔。

而這個時間，恰好是六點零九分。

土石崩塌瞬間，四十四位逃命的倖存者

活下來的人描述，他五點多離開位於北極殿附近的家，當時那個天已經亮了，下著細雨但帶點濛霧，有點蒼涼感，沒有人在那一刻之前知道，這竟是人世間最後一眼的小林村，包括他自己，也沒能記得多看一眼……。

就在山上還罩著些許的霧氣中，小林村已經被掩沒在崩塌落下的龐大土方下，四百六十二位親友恐怕已經凶多吉少，僅剩下一條以野溪為界的九號橋，以及以下的第九鄰民宅沒被掩埋，這大約十幾戶的居民只要醒著的，莫不親眼目睹了這殘忍的一幕——「滅村」，

於是驚慌失措的人們立即呼叫左右鄰居，或抱起仍在睡夢中的孩童，所有人都清楚，這一刻就是生死關頭，沒有人能預見有多少的時間可以「逃命」，那樣的景象、那樣的地裂巨響、那樣的膽戰心驚、生死一線，沒有人有把握自己可以逃的開死神的召喚。

但還有一口氣，大家就要拚命跑、拚命爬，因為僅存的四十四人彼此呼喚著：「往這邊跑！快啊！」大家拚命地往山腰上徐報寅家的方向，也是我家的林班地，昔日種滿李子、龍眼的山坡地跑去，有人知道上面還有一個平台、一間農舍，大家不知道有沒有足夠的時間逃命，但已經顧不得那麼多了，所有人在帶頭的人引領下，用盡身上每一份力，緊抱著懷中的孩子也不肯鬆手、年輕的拉著年紀大的，為的就是，讓每一個還活著的人，繼續活著。

終於剩下的四十四人抵達了平台，他們相擁而泣，每個人都放聲大哭，不管男女、老少，就連懷中不更事的嬰兒，都被恐懼氣氛感染而大哭，當下除了需要面對與四百多位親友的生離死別之外，更要擔心「我們安全嗎？我們，還能活下去嗎？」這樣的極度恐懼。

堰塞湖潰堤，親眼目睹小林村消失的心痛

但此時在二次崩塌下的獻肚山似乎已經停止了崩塌，但更大的危機出現，因為夾帶龐大土石的獻肚山土方，以及小林村的屋舍建築等，全部擠壓在原本的楠梓仙溪河道上，讓上游的水流完全無法通過，形成了諾大的「堰塞湖」，隨時可能會因為承受不住龐大的壓力，

而潰堤。

十幾分鐘之後，位在下游的甲仙市區已經有人發現，原本水量極大的楠梓溪仙突然間好像被截流一般，水量變得極少，有經驗的他馬上判斷出上游肯定有堰塞湖產生，於是爭相走告，請周遭住戶撤離以免慘遭潰堤後的大水滅頂。

但此刻仍沒有人知道，堰塞湖的產生，竟是跟大家有著深厚情感的小林村遭滅村後形成，後來的潰堤竟也造成了小林村以下所有楠梓仙溪的橋梁盡斷，不只甲仙大橋，更上游的四社寮大橋、通往旗山的寶隆大橋、火山橋、旗山橋，通通在這次潰堤後，因橋墩被沖毀而全毀或半毀，之後足足花了近三年的時間才完全復原。

而在小林山坡上平台等待救援的四十四位倖存者，就在驚心動魄、度秒如年的恐懼中，幾十分鐘後再次目睹了堰塞湖遭水流炸毀的一瞬間，就在這次的潰堤之後，原本僅存的第九鄰十幾戶民宅、也是這四十四位的家園，從此也與其他的小林村一同深埋地底下，讓小林村從二百多戶的美麗小村莊，瞬間成為只剩半棟「太子宮」的土石泥流之地，再也看不出，這裡曾是一個名叫——「小林村」有著許多溫暖故事的美好村落。

小林村，就此與世人告別，在還不及讓更多人認識她之前，殘磚片瓦都不留的，瀟灑地告別。

最後有人利用僅存的手機電力，以及時有時無的基地台訊號，將滅村的狀況以幾近哭喊的方式告訴了外面的世界，就這樣「小林全庄沒去啦！」的消息輾轉地、快速地傳給了外界的小林人。

於是，在八月九日中午，住在甲仙市區的阿民，成了第一位走進小林目睹慘劇而跪下痛哭的小林人，而遠在台北永和的我，也在下午三點接到了來自三姊的電話，我相信，每一位接到這通電話的小林人，都永遠忘不掉那一開始的不可置信與一笑置之，而在更多的人走回小林村之後，老天開的玩笑成為這輩子永遠忘不掉的一天。

二〇〇九年八月九日，再見了，此生摯愛，小林村。

最昂貴的一堂課

越域引水與滅村

滅村的事實已經無法改變，即便是十年後的現在，
但美麗的家鄉，為何會被無情的土石掩埋？
為何從來不曾淹水的村落，會遇到這樣的災情？
越域引水工程，是否就是元凶？
這是小林人想知道的。

小林村民在第一時間事發後，眾多村民即將矛頭指向「曾文水庫越域引水工程」，質疑是否為造成獻肚山崩塌原凶，而有這種共同想法的不只小林村民，還包括了位處該工程二側隧道口旁的村落，包括西隧道口的那瑪夏南沙魯村與東隧道口的桃源鄉勤和村，這二處也是災情慘重，其中南沙魯更是因為爆發土石流而導致數十人喪生，其災情在全國僅次於小林村，而勤和村隧道口更是直接崩塌，導致十多名工人罹難，三村總罹難人數超過五百人以上，約佔全國罹難人數的七成，災後三個村落同時都面臨了必須遷村的命運。

簡單地講「曾文水庫越域引水工程」是考量到南部地區未來成長所需用水，才會規畫與建茬濃溪攔河堰，同時開鑿一條十四公里的引水隧道，以民族村附近的旗山溪（即楠梓仙溪）為界，分成西隧道四點四公里和東隧道九點六公里，並以鑽炸法及機器開挖法同步進行的工程。

在這裡我不想談高深的鑽炸理論或地質科學，說真的我也不是這方面的專家，若真的從專業的角度談，我想全台灣肯定有好幾百位專家可以提出更精闢的分析，所以，我還是延續本書從頭到尾的精神，以我個人的視角出發，站在小林村民的立場，如何看待越域引水工程與滅村之間的關聯性。

所以以下，我只是用一個家屬的立場，提出這幾點疑問，災後至今十年，我們仍然在追求真相，希望有生之年可以釋疑。

第一、受災嚴重區域恰好都是越域引水工程周遭村落？

為何高雄縣災情最慘重的區域，皆位於越域引水工程隧道附近以及鄰近區域？是單純巧合，還是確有關聯性？

第二、小林村周遭斷層多又是順向坡地形，事前環評是否有做安全性評估？

為何調查報告指出小林村地質破碎、又位於順向坡，附近又有旗山斷層、高中斷層等四個斷層帶，而於八八風災隔年即九十九年三月四日，甚至發生震度達六點四規模的「甲仙大地震」，再增加一個連專家都未曾發現的「盲斷層」，無疑就是個先天體質欠佳的區域，當初為何會同意興建一個這樣的大型工程？相關變數是否都考量進環境影響評估之內嗎？包含早就被全世界氣象專家公認的「極端氣候」影響。台灣是否還存在其他類似工程？周遭是否也有著類似小林村這樣先天體質欠佳的村落居住著？

第三、越域引水工程是否連百分之一的影響都沒有？

明知整個越域引水工程會經過這麼多斷層，為何仍執意施工？如果台灣的科學真的這麼先進，為何還會出現我們未知的「甲仙盲斷層」？這個斷層有進入環境影響評估嗎？我們現今的科學真的進步到，了解大自然的一切嗎？難道「越域引水工程」對環境造成的破壞與影響連百分之一都沒有嗎？人類的科學已進步到這種境界了？

如果你問我個人看法，這種破壞性的工程對大自然，連百分之一的環境破壞與負面影響都沒有，打死我都不相信。

第四、報告說影響僅四百公尺，為何遠在十一公里外的小林村民都能感受到爆破？

「越域引水調查報告」指出，東西隧道口二側僅部份工程採「鑽炸工法」，其餘皆用機器開挖，所以震波最遠僅達四百公尺，小林村距離十一公里，根本不會產生影響。但我要請教，如果鑽炸法影響範圍這麼小，那麼為何每次爆破炸山時，南沙魯村跟小林村的居民都能感受到震動與爆炸的聲音，如果如致災原因報告推論震波僅能傳遞四百公尺遠，為何遠在十一公里外的小林村能清楚感受到震動甚至聲音？

甚多小林村家屬願意作證證明：「住在小林村時不僅聽的到爆破聲，還能感受到家中土角厝上方樑柱會在爆破後輕微震動，並且落下橫樑上的粉塵與土灰！」這僅是影響四百公尺會有的現象嗎？紙上報告顯然與居民實際感受有落差，哪個是真相？

第五、專案調查小組的成立並不透明，未能邀集不同立場之專家進入小組，如何服眾？

為何本案組成專案小組調查時，未有災民代表（被害人）信賴指定的公正專業人士進入委員會，讓調查更顯客觀與公正？君不見在周星馳經典電影《少林足球》的經典對話：「球證、旁證、技術委員、主辦、協辦、所有單位都是我的人。你們怎麼跟我鬥！」如果從一開始的組成就不夠超然、甚至未邀請第三方具公信力的專家加入，如何讓超過五百位罹難者家屬的小林村、南沙魯村以及勤和村的人完全信服呢?!

死了五百人的案件，致災報告僅是將三地村長或理事長各列一人為「諮詢顧問」，連委員都不是，也沒有半個災民指定的專業代表，有何顧慮？

第六、為何過去無災無難的小林村在工程實施後，連二年發生卡玫基土石流淹村、莫拉克山崩滅村，只是單純巧合嗎？

越域引水工程所設置在小林村的土方堆置場，是否有造成小林村的溪水更加宣洩不易，從而造成小林村較以往更容易淹水的問題？實例就是民國九十七年卡玫基颱風總雨量不到莫拉克颱風一半（卡玫基九〇〇毫米／莫拉克二〇七六毫米），但即已造成全村嚴重之淹水及土石流，而在此土方場堆置前，小林村村內幾乎少有淹水災情，遑論像卡玫基這麼嚴重的土石流及全村大淹水，甚至老早在上述總雨量到達前即已嚴重致災，而淹水是否代表水流無法正常宣洩到旗山溪，從而導致小林村後方獻肚山區域地下水含水量接近飽和，最後在接近極限值時，獻肚山的順向坡地形終於承受不住，一瀉而下造成大走山，最後淹沒山腳下的小林村。

超大雨量當然是致災主要原因，這點小林人不否認，我們要問的只是，為何災難是在越域引水工程開始後數年，爆破更加頻繁、鑽探更靠近山脈中心點、也更靠近獻肚山後（當時東西隧道已經僅剩幾公里就完全打通），「責任全都歸咎至雨量，越域引水工程一點責任都沒有」請問是給我們最後的結論嗎？

第七、明明有更安全、經費更低的曾文水庫清淤工程方案可以採用，為何捨易求難？

本工程源於擔心在工業用水需求日愈擴大的缺水前提下啓動，認為曾文水庫的蓄水量已經無法滿足成長需求，但明知曾文水庫的問題是在淤積量嚴重，才導致蓄水量不足，在莫拉克颱風前幾年，甚至每逢颱風季都要洩洪，顯見當務之急且不破壞大自然環境的最好做法就是清淤，為何捨近求遠？如果前述第三點台灣科學已經進步到「能知天，能勝天」，那清淤工程絕對不可能難的倒這群專業人士，而且經費絕對遠低於越域引水工程，更不需要擾動環境，最後造成大自然反撲，讓老天一口氣收了三個村落！

以上七個疑問，我再強調「只是疑問！」是在經過十年後，午夜夢迴時仍無法忘懷的疑問，衷心希望在有生之年，這些疑問能獲得真正讓人信服的解答。

最後想說，以前念書時讀到了十大建設時代，那個年代開疆闢土興建了很多很了不起的建設，帶動了台灣的經濟起飛，也差不多在那個年代，我們興建了中橫與南橫等跨山越溪的工程，但不到五十年的時間，通通還給了真正的主人──台灣山河，而越域引水工程也是相同概念下的產物，但這些工程是否真的有必要，人類的科學是否真的能戰勝大地千百萬年來形成的自然規律？尤其在現今的極端氣候下，我們是否還要去不斷的向未來的環境提款，再由下一代血淚償還？希望我們大家在面對這類的選擇時，都能好好地想一想，大自然不是不報，只是時機早晚的問題。

天佑台灣，天佑小林，也期盼所有人不要忘了，小林村等三村用超過五百條人命的代價替台灣生態所上的，最昂貴的一堂課。

我們贏了！

等待十年的國賠勝訴

一次又一次地進出法庭，一次又一次地聽著宣判，
其實已經沒有特別大的情緒波動，
期盼早已化成絕望，今天再度前往法庭，已經沒有任何期待！
沒想到，我們終於等到了努力八年的勝利！
我們贏了！我們贏了！我們贏了！
十年，終於國賠勝訴！

二〇一九年三月二十七日，早上十一點，這一天在正常的時間起床盥洗，沒有什麼特別大的情緒波動，也不敢有，因為在已經連續輸了三個審級之後的敗訴定讞，十五人的發回更審已經是最後正義與司法的防線，由於每次對勝利的期盼與渴望，都在一次次的「原告之訴駁回」宣判聲中，早已化為絕望的黑影，也讓我對台灣司法早已不抱期待，畢竟多一次期待，就多一次傷害，而這十年來身上的傷早已結痂，多到不敢去觸碰它。

看了看鏡中的自己，決定刮掉蓄了一個禮拜的鬍子，就當作是，用最乾淨的自己與平靜的心，去面對最後的宣判。

不同以往我會準備二份聲明，一份勝訴，一份敗訴，但每次勝訴聲明都派不上用場，讓我這次已不知如何動筆，所幸這次兩份聲明由律師團中的周信宏律師代筆，免去天人交戰的煎熬。

在宣判的時間前抵達法院門口，出乎意料的竟然看見了好幾台SNG車待命，「不可能啊！怎麼現在還有人關心小林村的新聞？」我心裡納悶著，門口的警衛給了我答案：「嗨，會長，好久不見了！」原來是一位之前抗議時見過的高院警衛，我早已不記得了，但他可能還記得，畢竟當過麻煩人物之後，大家對你的臉就會特別有印象。

又見滿場SNG車，竟是因為陳致中？

我問說：「這不會是為我們來的吧？這麼久了，雖然每次都會發採訪通知，但是記者也都不太願意來跑我們的新聞了。」這位警衛大哥臉上帶著神祕的微笑說：「是來跑你們的新聞沒錯啦，但主要是因為早上陳致中議員告韓市長，記者跑完那條新聞後，知道你們今天還有一場，就都跑過來等了。」

「哦，原來是這樣啊！難怪，連我都覺得很久沒看到這種場景了。」我苦中作樂地說著，這時基於他的職責，也很快地問了我：「對了，會長，那你們今天大概會來多少群眾呢？」他問了一個我很難回答的問題，自從二〇一六年六月七日，一百二十三人三審宣判定讞後，每次開庭的人數就寥寥可數，但我也不怪大家，畢竟每個人都要上班賺錢養家，實在沒辦法常開庭，加上十五人本來就不多，能來的就更少了。

看著現場起碼七、八位專程為了我們而來維持秩序的警衛，我只能苦笑地說：「應該比你們少啦，大家放輕鬆啦，絕對不會因為敗訴有暴動啦！」我們相視而笑後就走進法庭了，雖然隱約從他的眼神感覺的到，他希望我們贏，但不好說的話，放在心裡就夠了。

進了法庭坐在位置上，律師團團長鄭文龍律師突然問我：「怎麼一個當事人也沒有到（由於我不在十五人名單內，所以也不算當事人）？」我也愣住了，雖然每次開庭人都不多，但至少都有二、三位，怎麼這次要宣判了一個也沒有，就在法官走進法庭後，突然間看到阿民跟文忠匆匆忙忙地從門口跑了進來，原來他們是跑錯了法庭，直到最後一刻才出現，也讓我跟鄭律師稍微鬆了口氣，因為不管輸贏，等下還得面對媒體，萬一連一個當事人都沒有可真尷尬。

聽到法官第二句話，眼淚便掉了下來

書記官請我們全體起立，法庭內除了律師與當事人外，還有幾名平面記者也跑進來聽判，此刻法庭的氣氛是肅殺的，心跳好像要靜止一樣，靜的像是可以聽見「碰！碰！碰！」的心跳聲，手心也不自覺地滲出汗來，怎麼感覺比前幾次還緊張，莫非潛意識裡，覺得這次會不一樣，卻又死硬的假裝不在乎！

審判長清了清喉嚨，手拿著判決書，確認當事人都到場後，便開始宣讀判決結果。她緩緩地唸出：「原判決駁回，被告應給付上訴人……」當聽到第二句時，我就知道我們贏了！終於終於贏了！我們等了好久，終於不再是聽見「原告之訴駁回」這樣的敗訴宣讀，等了快十年、打了近八年，我們終於贏了這場國賠訴訟！

我的內心激動不已，眼淚開始沿著眼眶慢慢滲透，一點、一滴地流下我的臉龐，我回頭看了看阿民跟文忠，小聲地用嘴形跟他們說：「我們贏了！」阿民跟文忠都是很典型的老實人，本來還怕他們聽不懂法官的用字遣詞，但看到他們抿著嘴唇、紅著眼眶沉默地點點頭，我就知道，他們也知道我們終於，贏了！

幾位律師都難掩心裡的激動，有的與我相視點頭或是握拳，雖然不說，但我也感受的到他們應該都很感動，肯定比一般的案子勝訴激動，畢竟十年來這些律師為了本案都付出相當大的心力，雖然最後只有十五人的勝訴是個遺憾。但畢竟，台灣防救災與公務員作為義務的最後防線還是守住了，如果連原本就必須強制撤離的「土石流潛勢溪保全戶」，法院都認定毫無責任的話，那我真不知道台灣未來要用什麼標準，來保護「必須」或「只能」住在危險區域周遭的這些弱勢族群了。

感謝太多人十年來的陪伴付出

在這裡我要再次感謝十年來一路陪伴支持的財團法人法律扶助基金會，沒有你們的專案扶助，這個案子絕對撐不到最後，當然，還有法扶的專任律師周信宏律師與林靜文律師，尤其是周信宏律師從提告前的一年，就開始參與各種會議與協助資料蒐集，還有我的大學同學陸正義律師與高雄在地的陳意青律師，謝謝正義與意青的一路相挺，明知這個案子賺不了錢，還願意一路陪著我們走到最後。

當然，也要特別感謝半路（二審審判中途加入）出手相助的大律師鄭文龍律師，鄭律師不愧是國內專打弱勢族群與國賠訴訟的第一把交椅，也是同時打贏「九二一東星大樓案」

與「八八水災小林村國賠案」的唯一一人，堪稱弱勢族群心裡的「第一狀師」。還要謝謝很多為這個案子付出心力的專家，與因故而未能走到最後的夥伴們，謝謝你們大家為了堅持台灣的司法正義與公道，付出了時間與青春，這場遲來的勝利，是屬於全體台灣人的。

最後，要特別謝謝甫上任不久的高雄市韓國瑜市長，在判決出爐後一週，四月三日即明快地宣布小林村國賠案放棄上訴，讓纏訟近八年的國賠終於塵埃落定，小林人再也不需繼續為本案勞心勞力，感謝韓市長的愛與包容。而十五位勝訴的小林人也給予市府愛與包容最正面的回應，主動放棄了高達六百萬元的利息請求，並捐出了三百萬的公益基金，受贈對象包括了一路協助的法律扶助基金會，讓人看見了善的循環，也證明了這不是一場只為了金錢而打的官司。

僅代表全體小林村民對所有十年來關心本案的人說聲——謝謝你們！

國賠之後

帶著遺憾的勝訴判決

雖然終於勝訴，拿到國賠，

小林村民共十五人，終於等到遲來的正義。

但是對小林人來說，卻是個帶有遺憾的勝訴判決。

但這個得來不易的判決，其實是一個帶有遺憾的勝訴判決。要了解這個遺憾就要從國賠的背景談起，但探討國賠不是本書的重要目的，中間的法律問題深究，也不是三言二語可以說得清，加上這其中我親自參與了大小數十次開庭與多次記者會，以及觀察到村民從熱切到冷淡到失去信心的過程，或許未來有機會將整個十年國賠路說得更清楚，留給後世為鑑。

這一篇，我想談的是，對小林人而言，它為什麼是一個帶著遺憾的勝訴判決。

國賠的背景

二〇一九年三月二十七日上午十一點，高雄高等法院更一審針對纏訟近八年的小林村國賠訴訟，正式判決原告小林村村民勝訴，等待近八年的小林村災民與律師團在高等法院門口相擁而泣，而隨後高雄市長韓國瑜並於就任百日的四月三日這天，宣布高雄市政府放棄上訴，全案歷經七年八個月終告定讞，小林村民共十五人終於擁抱遲來的正義。

乍看之下，這是一個頗勵志的法庭電影題材，但如果細究下面的數字，你就能理解後續為何會引起村內對判決結果的反彈與不滿。

一審求償金額：五億九千萬。

更一審判局勝訴金額：三千三百萬。

一審提告人數：一百七十六人（其中九十九人申請法律扶助，七十七人則須自負龐大的

裁判費用）

更一審判決勝訴人數：十五人（其中三人為共同繼承訴訟，所以嚴格來講是十三人）

求償金額盤決比例：5.7％

勝訴人數比例：8.5％

這算是一場勝利嗎？從金額與人數來看似乎不是，但對台灣的防救災體系而言，它仍然會在台灣的歷史上留下一些貢獻，或者說，至少守住了某條防災義務的底線，真正影響的，則是從隔年起開始實施的「預防性撤村」，在颱風來臨前根據預測雨量，而實施提前性的撤村。並非過去依賴的「警戒撤村」，而是（根據紅色警戒與現場狀況進行緊急撤村）直到預防性撤村的實施後，台灣才真正記取了小林滅村事件的代價，之後有效降低與避免了颱風災害引起的傷亡。

小林村提出國賠為何只有十五人勝訴？

前面談過了越域引水工程，由於根據官方提供的鑑定報告，該專案負責人形容鑽探爆炸對小林村的影響為：「被蚊子踢一腳」，客觀上早已否定了以該份越域引水工程致災報告提出國賠的可能性，更不用談這其中涉及的工程專業、地質鑽探以及人類至今未知的大地科學領域，可想而知，以越域引水致災提出國賠，進而希望在法庭上攻防獲勝的機率實在太低了。

於是，明確的監察院彈劾、糾正報告便成為提出國賠「行政疏失」明確的依據，故經過蒐集後彙整各方資訊，並與律師團及各領域專家密集會議後，同時取得多位倖存者、以及提早一天於八月八日自行撤離的村民第一手證詞後，更讓我們堅信疏失明確國賠理由充分，高雄市政府確有賠償之責。

其中我方根據資料提出的行政疏失包括：

1. 未依法按時成立二十四小時應變中心。

2. 應變中心人員未依法值班，導致縣政府應變中心打電話無人接聽。

3. 警戒傳真竟無人接收，任其掉落於地上，直到有人拾獲。

4. 在多次黃色、紅色警戒要求撤離後，甲仙區公所無法提出相對應次數之通聯紀錄。

5. 八月八日下午一時的紅色警戒之後即無裁量空間時，甲仙區公所應立即強制撤離「土石流潛勢溪之保全戶」等等俱有所本的指控。

而被告（及高雄市政府與甲仙區公所）的反駁說法則為：

1. 這是一場天災，天災無法預測。

2. 當時沒有任何土石流跡象，沒有撤村的必要。

3. 即使是執行撤村，二個撤村地點也都慘遭掩埋，所以撤了也是白撤，公務員不需為此不作為負擔任何法律責任。

4.甲仙區公所及高雄縣政府已經有通知小林村長必須撤村，所以他們已經善盡作為義務，是因為村長沒有執行撤村。

5.縱然已經無裁量空間必須進行強制撤村，也只是依據原土石流潛勢溪的保全戶進行撤村，而非全村都須進行撤村。

撤了也是白撤，所以沒撤沒有責任?!

而其中，我們最無法接受的就是第三與第四這二個理由了，而第五點更是形成了高雄市政府築起的最後防火牆，讓求償人數止於潛勢溪周遭的十五人，進而讓生命形成了二種不同的重量，內部不平聲音四起。

先來談談被告說法：「即使撤村，撤離到指定避難地點也是死亡，所以沒有疏失，因為人民的傷亡與撤村之間無因果關係，政府無需負擔國賠責任。」

這裡我只想用最淺白的文字說明，為何這種說詞最讓小林人憤慨。政府自己訂了法令，花了大筆錢做雨量即時監控，同時要求各級單位開設二十四小時應變中心，目的就是希望當發現時雨量及累積雨量已經超過了致災可能的「臨界點」時，最基層的應變中心能立即執行勸告甚至強制撤村。

所以你會發現，這一切的規則都是政府自己訂立然後執行兼監督角色，之後當發生了比預定災害「土石流」更為嚴重的災害「山崩」時，竟大言不慚地說：「因為發生了比原先預期更為嚴重的災害，導致避難地點整個遭到掩埋，所以縱然撤到避難地也是死亡，所以公務員的不作為與損害之間沒有因果關係，所以沒有國家賠償的責任！」

對，就是因為發生了比預期更為嚴重的災害，所以縱然做了也是白做，因此不罰。但難道這些官員與諸多採納本說法的司法人員忘了，當初設立雨量監控作為撤村標準的初衷嗎？山崩與土石流甚至淹水本來就只是一體兩面的事情，差別只在於嚴重程度，但誘發因素通通是「雨量」，雨量達臨界點時有可能爆發土石流，但若遇上像小林村這麼多不利因素通通加在一起時，地形破碎＋順向坡＋超大豪雨＋八月八日淹水導致地下水可能達飽和程度，這些因素通通加在一起後，就可能誘發了比土石流更為嚴重的「山崩」，吞噬了整個小林村。

但引起的原因通通是雨量啊！雨量到達標準就應該立即採取法定義務，而不是事後才說沒做沒差，反正都是死路一條！請問你怎麼知道，如果在八月八日下午一時要求村民撤離的話，村民只會去政府指定的兩個避難地點嗎？附近可以就近依親的安全地點太多了，例如五里埔（三分鐘車程）、甲仙（二十分鐘車程），就因為政府沒有任何危險訊號的發布與告知，小林村在雨量已超過前一年卡玫基總雨量（九九〇毫米）與致災臨界點的狀況下，錯失了黃金撤離機會，導致全村將近九成的人口不幸罹難。

老天注定給了小林村災厄，但全球極端氣候的影響下，又何辜是這個連冷氣都不裝的山中美好村落來承擔？政府有沒有機會在這過程中降低一點小林村民可能的傷亡，我想歷史會有公斷的。

為何整個防災體系失能，要一個不能說話的小林村長承擔

最後我要質疑的是，明明事後整個客觀資料顯示的是整個防災體系的失靈、失能，包括監察院的報告都已明確揭露這點，為何法院卻獨獨將所有行政疏失寫成了：「小林村長明示拒絕撤村」這樣一人承擔的結論？

我不是要袒護自己小林人，也不是談這個劉仁和村長過去盡忠職守、堅守岡位的人品操守，或是八月八日那天晚上六點多還跟自己唯一的兒子，帶著手電筒摸黑在村子裡查看災情的故事，更不用談以全村對劉村長的認知：「只要區公所有明確要求撤離的指示，即使現在外面下著大雨全村大淹水，劉村長都會冒著風雨挨家挨戶敲門勸你離開。」

但問題是，區公所從來沒有要求劉村長撤離村民啊！判決書的第十五頁清楚記載：「高雄市政府於八月八日下午一時將要求撤村指示轉知甲仙區公所後，『未見甲仙區公所有何作為』，高雄市輪值人員陳X安甚於同日下午三點十二分『越過甲仙區公所』直接與小林村長聯繫，告知利用白天視線良好，盡速撤離後，小林村長回復無須撤離，會持續注意雨勢等語，『明示拒絕』服從該撤離命令，已違反公務員應服從其監督長官命令之法定義務。」

我不懂的是，上面的紀載明明是因為甲仙區公所毫無作為、甚至必須讓高雄市政府輪班

人員跳過甲仙區公所，為何跳過？是不信任區公所還是聯繫不上，而直接聯繫小林村長？我怎麼看，橫看豎看，都覺得甲仙區公所整體的失職遠大於小林村長，否則若中間失聯或不執行的機關責任比基層的村長還小，這樣的法律邏輯與責任分配比例能說服大眾嗎？

再來，所謂的「明示拒絕」是當你有「明確要求」的對應字眼，從上面的紀載或參閱其他資料也無法證實該通電話有下達「明確的、要求撤村的字眼」，從村長的反應，更像是在詢問現在是否有災情，以及提醒若需要撤村建議趁白天視線良好進行撤離等，若無「明確強烈要求」村長必須撤村，何來村長「明示拒絕撤村」呢？

這樣的感嘆不是單純在為小林村長喊冤，而是期盼政府能建立起一套真正合理且有制度的防救災制度，否則一旦像這樣出了事通通是最基層公務員的責任，甚至是推給不會說話已死之人，除了誤導社會大眾，對家屬也甚為不公，與其認定個人疏失，何不檢討整個體系之缺失，訂立更完善且具執行可行性的防救災制度，才是小林村民希望帶給全台灣的改變。

小林滅村是台灣天災史上的悲劇，而小林村的國賠訴訟卻又看見了現行國賠制度中的諸多問題，我們即使不願意看到，但下一個天災總會在意想不到的時候再度降臨，如果人為的制度與警戒心態沒有改善，下一次的「國家賠償集體訴訟」還會再度發生，而類似「九二一東星大樓案」、「小林滅村國賠案」的十年漫漫國賠路可能不會是唯一，在不久的將來，我們還會再見到這樣的故事。

我們總該記取教訓，繼續往前進，不是嗎？

第五章

感謝與陪伴

十年過去了，要感謝的人實在多到數不清，
從當年那位帶著一袋麻布袋的錢到龍鳳寺發放慰問金的無名氏開始，
小林村就開始承繼著各界對我們的愛與包容，
希望我們能帶著這份力量繼續努力往前，
在這裡，我很想再跟曾經或一直持續關心著我們的好朋友，
再說聲謝謝您，謝謝您一直都在的幫助與感動。

想跟您再說聲謝謝

謝謝，一直都在的幫助與感動

一直想謝謝過程中給予幫助的你們，但十年的時間是殘酷的，殘酷到可能讓我記憶退化、眼睛變老花，肚子腰圍大了好幾吋，但對您的付出卻是永遠記得，但也請原諒我可能的記憶退化以及老花眼，一時不察漏了您的姓名，也請您包涵，若有遺漏的感謝名單，也請您不要見怪，請與我或出版社聯繫，我會努力地讓您與小林之間的美好故事繼續流傳下去，當一輩子的「小林之友」。

第一線的公務員與投入民間人士，謝謝你們

我要特別感謝在重建條例五年期間，默默在基層付出而不被外界知悉的基層公務人員，包括「行政院莫拉克重建委員會」及「高雄縣（市）政府莫拉克重建委員會」等等，謝謝您們當年不眠不休與夜以繼日的工作、會議，沒有您們在第一線的付出與犧牲，就沒有相關重建工作的順利完成。也要謝謝每一位自發性投入重建工作的民間人士，雖然我可能不認識你，但你那雙手傳遞的溫暖一定曾經給予某一位災民感動，相信他也會將這份愛，繼續傳遞下去。

對小林村伸出援手的各單位，真心感謝

我要謝謝協助援建小林一、二村的中華民國紅十字會、小林小愛的慈濟基金會，小林國小的TVBS文教基金會以及小林工坊的台中紅十字支會，協助參與一、二村規畫設計的台灣營建研究院、陳信璋事務所與我的好兄弟李甫峰建築師，李建築師負責了小林一、二村的設計規畫案。還有義務提供規畫設計的高雄市建築師公會諸多建築師，與熱心的陳啟中理事長，更感謝王家祥建築師協助設計了小林村紀念公園與小林公祠。還有提供諸多軟性重建的人文基金會，包含世界展望會、佛光山基金會、法鼓山基金會、聯合勸募基金會、中華電信基金會、伊甸基金會、海棠

文教基金會、法律扶助基金會、旗山社區大學（旗美社大）、甲仙愛鄉協會、小林平埔文化重建學會等。

援建永齡農場的永齡慈善基金會，以及提供小林村多年培力計畫的勞動部與勞動部高屏澎東分屬全體同仁，多年輔導的西子灣基金會，協助產品開發的八八服務聯盟團隊、傅培梅公益信託與所有的老師們，還有曾經來過組合屋給予教導的各界人士，以及二〇二一社會企業階段所有的天使股東與曾合作過的朋友們。

媒體與各宗教團體的幫助，銘記於心

重建過程當中不畏打壓持續給予第一手報導的八八莫拉克新聞網，以及九二一震災基金會的謝志誠老師、方儉及楊憲宏大哥，還有提供越域引水資料的魯台營老師，在過程中給予了許多寶貴的重建建議。

各大宗教團體，從災後就一直給予許多物質上與非物質上的協助，包含一開始收容災民的內門順賢宮、甲仙龍鳳寺，以及協辦公祭事宜的懷恩祥鶴生命公司、義務舉辦相關法會的谷關大道院、千佛山等諸多宗教團體，請見諒無法一一羅列，但您們的善行我們永遠銘記於心。
第一時間參與救援的搜救人員與甲仙救難大隊，謝謝您們。
感謝每一位用歌聲或幽默感撫慰小林村民的藝人朋友們，是您們的歌聲，讓我們找回了熟悉的小林味。
所有曾參與重建的行政機關各級首長、民意代表與公務人員，再次謝謝。
最後要謝謝廣大的社會無名氏善心人士，就像那位帶著麻布袋的無名氏，我們互不認識，但內心的感謝一如既往，永繫於心。
謝謝。

僅將此書現獻給重建過程中的好友們

最後，我想特別感謝在八八重建過程中對我意義非凡的四位好朋友，也是亦師亦友、亦兄亦姐的長輩，分別是時任中華民國紅十字總會秘書長的陳士魁先生、行政院莫拉克重建委員會執行長陳振川先生、高苑科技大學簡文敏副教授，以及本書的推手——傅培梅公益信託執行長潘秉新女士，他們在八八風災之前與我皆無淵源，卻在風災過後成為我終生信賴的好友，魁哥與簡老師甚至在我失去雙親後，毅然的擔任我的提親人，而秉新姐則擔起媒人婆的角色，共同陪我完成終生大事，一如當年的多桑之於我的父親。

時空變遷，物換星移，唯有愛，能真正的永恆，唯有愛，能不論親疏而無私的付出，謝謝您們，謝謝曾經在歷程中給予我及小林村協助的每一位朋友，僅以此書，紀念我們共同擁有的「八八重建」。

經過一年後，我們有家了！朝陽初生的日光小林，猶如綻放光明的希望之村，期許每一位小林人都能記取大自然所給予的訓悔，保有初心，一同為打造更美好的未來攜手努力。

小林村，是我一輩子無法抹滅的記憶

陳士魁／前中華民國紅十字會秘書長、前僑委會委員

十年前的八月八日，天空黑如濃墨，雨如瀑布般傾倒而下，當時在中華民國紅十字會總會擔任秘書長的我，警覺到繼續不停的暴雨，必將釀成大災，抓起手機，一一打給各縣市的總幹事詢問狀況，並要求四個救災大隊的弟兄們全面警戒，待命救災。台東林總幹事沉重地回報，太麻里災情重大，已派隊員馳往救援。一整夜，我就在焦慮不安中，輾轉難眠。

八月九日，整日聯絡各地，災情報告愈來愈多，愈來愈嚴重，第二大隊已在第一時間馳往高雄支援……在這忙碌的一天，誰也沒料到台灣最嚴重的災難發生了，獻肚山深層滑動，土石流掩埋了小林村，造成四百多人罹難。

八月十日，更多的災難訊息衝擊著我們，同仁直覺判斷這一次南台灣的災情，恐怕遠超過我們的估計。

在這當下，我們立即聯絡在前一年參加汶川大地震的救災重建夥伴，一起商討

如何面對接下來的嚴峻情勢。在美青姐、馮燕、張珏、陸宛蘋和我的整合下，我們迅速的成立了「八八水災服務聯盟」開始進行跨域協調整合的救災及重建工作。

前進災區與小林村人會談

八八過後的第一個週末，行政院林秘書長邀集紅十字會、慈濟、世界展望會、佛光山、法鼓山、一貫道等幾個團體，商討災後重建的原則。再過幾天，林秘書長又召集我們分配責任區域。

因為各宗教團體都有自己長久以來服務的區域範圍，自然會優先考慮。但是討論一輪，其他團體沒人敢提小林村，我跟秘書長說：「小林村的重建，紅十字會負責。」

紅十字會有一句話說：「有災難的地方就有紅十字會，有紅十字會的地方就有希望。」不只是這個信念讓我們去承接最艱難的小林村重建，其實還有一個難以解釋的插曲，我在幾年後才告訴松諭，但對其他人，我從未談起……在小林村滅村後，我在看電視新聞時，突然聞到一股異味，我的鼻子曾經撞擊過，其實嗅覺非常不靈。第二天到紅會和同仁邊看電視災情報導，邊討論災後重建，當電視報導到小林村時，我又聞到那股異味。

之後，幾次看到小林村的報導時，都發生同樣的狀況。我心裡有也有個底了。因此當再度聞到那股異味時，我閉眼虔誠的禱告說：「請大家放心吧！小林村的重建，我絕對全力挺到底！」從此，那個異味不再出現。或許有人認為這是怪力亂神，但我把它當做是我給自己的要求與承諾，不能有任何退縮或妥協。

當倖存的災民被救到龍鳳寺時，我請陸宛蘋老師第一時間趕到龍鳳寺，陸老師跋山涉水突破非常艱困的道路狀況到達龍鳳寺後立即回報：「缺電話跟外界聯繫，無法跟子女報平安，災民情緒也很恐慌，需要心理組派員協助。」那是中午快一點的時候，我立刻打電話給呂學錦董事長（他也是我們八八聯盟的通訊組）告訴他龍鳳寺小林村民的需求，他簡單的答覆說他負責！我也打給張德聰兄，希望張老師來支援，他也二話不說就去安排了。

當天傍晚，宛蘋回電：「電信局的電話車來了，提供了五線的免費電話讓災民對外聯絡，台南縣的張老師志工也在第二天清晨趕到龍鳳寺……。」後來我們的另一個心理團隊還在組合屋陪伴村民度過第一個難過的農曆年。

當行政院確認由紅十字會負責小林村的重建工作後，我到龍鳳寺去拜訪小林村民。我面對的是一張張痛苦、悲憤、惶恐不甘的臉孔及懷疑、疏離的眼光。我了解他們的心情，但是如何讓「他們」成為「我們」一體來走以後的路，需要我們展現更多的誠意、耐心與同理心。

會談就這麼開始。我敞開心胸聽他們的需求與抱怨，了解他們對家園的懷念，以及對文化傳統守護的堅持。為了對小林西拉雅文化的了解與尊重，我帶了紅會的幹部與建築師去拜訪台博館的蕭館長。蕭館長花了一個早上跟我們說明什麼是西拉雅文化，其習俗、特色、圖騰等等，也就是有了蕭館長的加持，我們與小林村朋友談重建的時候，我們能充分的理解他們的堅持與渴望重建小林村的心情。

這也衍生了一些小故事。小林村希望在重建的房舍上有西拉雅的印象與圖騰，因此我們建築師在設計五里埔小林村時，類似高腳屋的思考設計，而圖騰的部分，我找了冠軍磁磚，他們慨然承諾，燒了一批具有西拉雅特色的磁磚，貼在每一戶的門口……而億光電子則承諾，所有小林村的公共照明由他們負責。

五里埔小林村很早定案，所以紅會很早就展開設計建造，我很感謝歐晉德學長跟李咸亨先生專業上的指導。尤其是整個紅會重建的一千四百多戶都是採用加強磚造，而非輕鋼架的思考，更是咸亨兄的堅持，儘管在重建會議上遭到批評與嘲諷，但最後證明紅會的重建屋是最受災民信任的。

幾經波折的日光小林

日光小林的定案，卻是一波三折。在小林組合屋的時候，長官不只一次的明示暗示我不要再支持日光小林的構想，但我不忍斷送他們的期望，所以一直在做好準備工作，包括陪松諭去見賴峰偉副秘書長，以及經費預算分配、建築設計等等區域。

直到八八週年，馬總統的裁定才塵埃落定，雨過天晴。

五里埔小林一村落成的時候，我已卸下紅十字會秘書長的職務，因此當舞台上在儀式致詞時，我悠然地走到五里埔的台地邊上，向著小林村的遺址心裡默禱：「我完成了承諾，請安息吧！」豔陽下，卻是那麼的滄桑孤寂。

日光小林落成時，松諭力邀我一定要去，拗不過他，我走一趟去看看我們的成果，但最讓我驚喜的不是那片漂亮堅固的新社區，而是那抱上舞台的三十多個小娃娃，那是我跟松諭的約定：「我們紅會把小林村蓋回來，你們把小林村生回來！」

小林村已成了我一生中無法磨滅的記憶，當然我也還記得欠小林村的朋友一頓羊肉爐！

告別莫拉克，小林村民振翼再飛

陳振川／前行政院莫拉克災後重建委員會執行長，台灣大學土木系終身特聘教授

十年前，莫拉克颱風於民國九十八年八月八日持續豪雨重創半個南台灣，當時在行政院工程會擔任副主任委員的我，奉派於行政院於八月十五日成立「行政院莫拉克颱風災後重建推動委員會」，接任重建會副執行長，並於九月十二日正式率五十多位來自各部會同仁，駐於高雄市前金區辦公室對外提供服務，從副執行長再任執行長歷經五年，也成為對小林村重建推動之窗口。

各災區在重創後，災民從緊急安置轉到中繼安置，在汛期中，各地交通水利仍在日夜搶通急修，以避免二次災害。政府頒布重建政策，安全評估及特定區劃設，永久屋興建及遷村，和各地災民正在磨合，從南投、台東、南到屏東、高雄，各地會議及抗議不斷。災區範圍廣大，災後不論是災民主體的原住民，或是平埔族、漢族等等均待從災難中重新站起來，永久屋安置社區就有四十四個基地，然而小林村

事件就是共同矚目重建重要指標。

小林村事件發生後，大部分村民緊急安置在龍鳳寺，此時不論是在原居地的翁瑞祺（後任五里埔小林協會會長）、李錦榮（後任小愛小林協會會長）或旅外在台北市求學工作的蔡松諭等等年輕小林人，皆發揮重要溝通協調角色。而蔡松諭具法律背景，悲創中激發他的領導力及智慧，帶領喊出把小林村建回來，適時迅速凝聚成為小林村對外窗口，並於十一月八日幾乎全票獲選擔任小林村重建發展協會理事長，成為政府協商領導對象。

蔡松諭也受邀擔任重建會災民代表，在重建體系內及外擔任政府，及小林災民重要聯絡及協調整合之角色。年輕的松諭背負喪親之痛及社區委託之壓力，其艱辛歷程從本書中之敍述就可理解。他在小林村重建完成及小林人站起來過程中，承擔關鍵角色。

重建小林村之溝通努力及決定

民國九十八年八月十九日在甲仙龍鳳寺小林村民座談會，馬總統宣示，在他任內會將小林村建回來。這是國家領導人對於小林村的最重要承諾，重建會自當盡全力結合各界力量通力合作達成。

當時，慈濟和政府合作，如火如荼推動千戶永久屋之大愛園區興建。積極的楊秋興縣長專案協助，和慈濟長駐林碧玉副總，動員各地慈濟志工協助，在中央及地方政府協助下，使各項工程迅速推展，自然希望高雄縣各地災戶能夠安置於杉林大愛園區。

小林村民在六十二戶進駐大愛園區後，卻有一百二十戶災民在蔡松諭領導下，強烈訴求爭取籌建具有小林村風貌的新小林社區，即日光小林社區，並希望由紅十字總會幫忙興建。五里埔小林社區先定案於民國九十九年三月十六日動土，由紅十字總會興建。然而，在杉林鄉之新小林社區之建地取得與興建卻遲遲難以定案。而經過媒體多次報導及十一月二十五日行政院抗爭，可說是衝突不斷。重建會面臨如何保護協助重建之慈濟及善達小林村民期待之多重壓力，為疏解對峙氣氛，先說服強勢之松諭同意放低姿態以提供協調空間，再安排小林村民拜會關鍵關係人慈濟基金會及楊秋興縣長，尋求突破。

本人先說服蔡松諭克服幹部之爭執，取得同意前去慈濟拜訪之允諾，隨即寫信向慈濟上人爭取慈濟於花蓮接待小林村民代表，終經何日生發言人在內部協調爭取下，促成於花蓮接見七月八日由高雄開車去花蓮之小林村代表，參觀及座談。為安撫蔡松諭等代表之心，本人也趕到花蓮和他們見面交談後，特意由他們自行前往，和慈濟展開破冰交流。此行雖未改變慈濟對小林村安置的看法，但也化解小林災民對慈濟大愛的誤解，態度有所改變，使後續協調更為便利。

另也安排小林村民於七月二十三日首次赴縣府拜訪楊秋興縣長，面對居民陳述陳情，重建認真、堅強與堅持的楊縣長亦為之動容，縣長對許多事都鬆口了，居民歡喜一場，雖然事後未盡如意，這些都是有血、有淚、有壓力、有情感、有智慧的小林村重建歷程。

眼見時間飛逝，小林村民們已經在災後週年安排「點燈祈福護小林」晚會活動，並邀請馬總統參加。就如同松諭所言，小林村民久等心情浮動，已經全部將日光小林社區寄望在此次馬總統的回應。而且，當日國內外媒體雲集，小林村民已經決定「若馬總統未給予正面承諾，全村村民將全體下跪請求」。這一跪將把小林村週年情況再送上國內外媒體之焦點。

重建會也只能依權責將所努力溝通協調及情況向高層呈報，但是，連本人都不知道馬總統在面會小林村民們會做出什麼決定。

當夜，氣氛緊繃，直至會談中，總統宣示提供建地供日光小林興建計畫啟動後，氣氛一轉，全村村民歡欣，重建會許多夥伴都淚崩而出，排解幾個月來的壓力，第二天媒體均以正面呈現。紅十字總會陳士魁秘書長承諾全力支持協助，完成小林村重建之意願終可實現。

小林村重建落成前陣痛

在紅十字會及政府通力合作下日光小林社區完工前夕，發生小林村民擔心房屋施工及社區環境品質，對房屋入住舉辦落成活動持保留意見。在已規畫整合後，突然大家告訴我，包括高雄市王正一主任已向劉世芳副市長報告，決定延遲至農曆新年後舉行。蔡松諭也內心擔憂而逕向總統府反應……總統府擔心，高市府也反對。總統大選在即，大家怕出錯，紅十字會也持保留態度。一切腳步亂了。依據我的專業及工地的回應，我知道這是懷孕即將生產前大家壓力下之症狀，我繃著臉色在小林村組合屋內舉行之工程會議上表示不滿，並做出應變加強作為，也做信心喊話：「離落成活動舉行日還有一個月，怎知會來不及？」

隨即於協調會獨排眾議，堅定並指揮重建會，用實際行動及努力化解蔡松諭會長等人及各單位意見，啟動村民新屋品檢及改善，同仁每天均在現場，均掌握現況協助。並利於小林人農曆年前有充份時間裝潢搬遷團圓，小林村民由惶恐轉為歡欣，積極參與及準備。工程團隊將小林二村工程圓滿收尾，柏油路面配合瀝青出料舖設，完工劃線，小林二村環境渙然一新。松諭回報自主檢查居民普遍反應良好，雖然小缺失不少，但都能體諒也頗感恩援建單位，互動一切良好，下週典禮居民確定ok。

在民國一〇〇年十二月二十四日舉辦日光小林落成交屋典禮時，連日陰雨，躲了好幾天的太陽就出來了，為大家帶來喜氣。小林村民逐戶遷入，在農曆春節前有個新家，小愛小林及五里埔小林社區也已經完工，整體小林村順利重建，完成總統重建小林的承諾。

一〇一年一月十四日總統大選，馬總統順利續任。

一〇一年一月二十五日（農曆初三）馬總統特別宴請小林村民，拜年及歡聚，並恭賀社區落成。

一〇一年二月二十五日小林村社區歡欣舉行「辦桌感恩餐會」，總桌數達二百五十七桌以感謝各界陪伴支持，台上寫著：「謝謝您！我們回來了」。吳副總統來了！這是一個美好結局。今天是充滿歡欣的日子，又是陽光普照，還是很多人掉眼淚，那是高興的淚水。松諭感動地在台上説：「感謝馬總統吳副總統及各界協助，在災後八百多天日子，小林村順利重建完成，今天聚餐是一個 Happy Ending，感謝大家！」

寫在最後

松諭將是三個小林孩子的父親，十年來他不僅在法院為小林村滅村國賠奮戰，也在為社區產業發展擔任先鋒，擔任二〇二一社會企業執行長。天災無情，但是希望松諭及小林村民的努力及經驗，能夠增進我們抗災的韌性。

小林村民雖依意願而分別選擇「小愛小林」、「日光小林」和「五里埔小林」三村遷居，但卻仰賴自災後每年定期舉行之平埔夜祭、平埔文化，大鼓陣及民國一〇〇年十二月成立小林大滿舞團，傳承平埔文化，維繫三村情感，及撫慰創傷心情。團員從五歲到七十四歲，從一曲開始，迄今已經可完整演出精彩九十分鐘表演。並經衛武營文化中心、台中歌劇院、台灣戲曲中心等認可表演，並於二〇一九年入圍第三十屆傳藝金曲獎之肯定。也曾自費去日本慰問三一一大地震災區慰問災民及多次出國表演，實在令人感佩。

祝福松諭，祝福小林村。

小林情誼我仍舊在

潘秉新／傳培梅公益信託執行長

今年我很開心的一件事，就是松諭打電話告訴我，他將有第三個女兒了，他說：「想到未來帶著三個漂亮的女兒出門，覺得自己是個很酷的老爸。」

後來在Line上，松諭又傳了這兩段話給我：「老三完全是意外，我被珮欣罵慘了，哈！所以還討論了幾天，最後相信是上天要給我們的禮物，所以辛苦拚一下，也要把她生下來！」、「我們家今年加起來就剛好四個小朋友了，全部生回來了！」

一看到「全部生回來了」這幾個字，我的眼眶不禁濕了起來。八八這場天災，奪走了松諭的母親和二哥一家共四位親人，而今年他準備迎接第三胎、他大哥也有一個新生兒，十年內家族新添了四位成員，我不知道松諭說：「全部生回來了」這句話時，是什麼心情？這當然是喜事，但我的淚水卻止不住地流下來。

多年來，我的朋友經常聽我述說，小林村的重建是如何如何的艱難，我要如何如何的想辦法幫他們，有些朋友對我如此把小林村放在心頭上，感到不可思議，儘管我有「傳培梅公益信託執行長」的職務和角色，但需要這麼不離不棄嗎？

災後第一年的初相識

記得松諭是在災後第一年，以自救會會長名義帶領幾位村子的年輕人，北上來我經營的廚藝教室找我，尋求廚藝課程的安排和產品開發的協助，我當然二話不說一口答應，廚藝教室最大的資源就是廚藝老師，不管是我請老師去村裡教學，或小林的種子學員北上來教室上課，我都義務贊助，但說真的，當時忙於創業的我，只是做了些行有餘力的付出罷了。

後來會和松諭培養出情同姐弟的堅固感情，這些年，他人生中每個階段的改變，為人夫、為人父的喜悅，為小林村的產業尋求生機的過程，我幾乎都有參與或陪伴，我之所以變得這麼全心積極投入，全因為「生回來了」這句話。

那天是二〇一二年二月二十五日，是小林二村一百二十戶入住新穎永久屋，所舉辦的入厝辦桌感恩餐會，我抱著輕鬆的心情南下高雄，代表傅培梅公益信託領取小林村重建協會頒發的獎狀。松諭一看到我，把女朋友珮欣介紹給我認識，第一眼看到珮欣，很替松諭高興，至少他在愛情這條路上是幸運的，松諭三年來為爭取小林二村自主重建，所歷經的痛苦和壓力，幸好有珮欣一路的扶持。

當年關懷小林村重建、出錢出力的人士非常多，台下坐了滿滿四、五十桌。待頒獎活動告一段落後，突然聽到站在台上主持的松諭，語帶哽咽地說：「我們把小林村蓋回來了，我們也把小林人生回來了啦！」接著，一對對天災中失去孩子的夫妻，抱著他們的新生兒走上台，現場有三十多名災後出生的孩子，松諭仍激動的一直重覆著說：「生回來了！」、「小林人生回來了」。

看到這一幕，我瞬間完全無法控制地淚如雨下，內心激動不已，深深被這股生命的力量所撼動，淚眼矇矓地望著台上的松諭、年輕夫妻、新生幼兒，我內心深處發出了一個聲音、許下了一個願望：在我有生之年，我一定盡心盡力，要讓這個地方安居樂業，讓孩子們快樂成長。

後來，待我激動的心情平復了些，突然有點心驚，我這個願，會不會許得太大了啊！

以美食重新建村

不過我的心態因此完全改變，從此化被動為主動。以我當了二十幾年美食旅遊記者的經驗，深知，只要有好吃的美食，再遠的地方都有人去。位在杉林區的小林二村，雖然知名度遠不及鄰旁的美濃和甲仙，但風景優美、恬靜優閒，且村子裡有一個紅十字會正在蓋的工坊，如果等工坊蓋好，這裡可以做烘焙、賣餐點，把當地的特產研發出小林獨有的風味餐，再請媒體朋友幫忙宣傳，相信一定可讓這裡人氣滾滾、提供村民就業機會。那時，我心中建構了一個美食建村的計畫。

災後即將三年時，《今周刊》製作了一個〈八八風災一千天 小林村的苦難與重生〉的專題，採訪團隊在村裡進行採訪時，剛好我帶著辦桌總舖師林明燦和張振名來，為小林媽媽們安排了整整三天辦桌風味餐的學習，我相信，只要小林二村把特色美食打出名號，整個村子一定會有生機。

但現在看今周刊這篇專題報導，「靠自己站起來」、「各界輔導就業」、「再造熟悉家園」等等標題的內容，真是讓人無限感慨，當時村民們接受採訪時，對未來充滿的希望和期盼，如今已被消磨殆盡，一百二十戶的小林二村只有幾十戶的固定居住，整個村子空空蕩蕩，為了生計，幾乎能漂的都漂出去了。這是為什麼呢？

我只能說，命運之神對小林村子弟還是佈下嚴峻的考驗。一年多前，松諭帶著珮欣和兩個女兒來看我，把他要離開努力四年多的社會企業的決定告訴我，我也很遺憾，曾經，我們都以為社企可能有機會成功。不過，以我自己創業的體驗，經營公司本就不是一件容易的事，往往資金、產品沒問題，就是人的問題，但人也沒有對錯，就是走不下去了。

村民也有一度對松諭出去做企業有些酸語，儘管初衷是為村民創造就業機會，日後若有獲利也會用在小林村老人和小孩的福利，但就是有人對松諭不滿，覺得他置村民不顧。這也很正常，反正牽涉到人的問題，就是難解的事。就像這次小林村國賠官司勝訴，卻因只有十五位災民獲得賠償（松諭不在內，他只是盡力完成他認為對的事），村裡面充斥著各種冷言冷語，但這有什麼辦法呢？這就是人性，但想必一路來的考驗也讓他學會釋懷了。

用文字記錄下小林村的一切

「寫書好不好？為八八十週年紀念寫本書，把大家不知道的小林村寫回來！」這幾年我在小林二村進出，常聽村民聊起過去小林村的種種美好，能否讓社會大眾了解這個消失的小林村，有情的人事物呢？儘管我知道，寫書的過程對松諭必定是個折磨，傷痛的過程又要重現，但是，我也相信他必會從中找到力量。

松諭從一個在台北求學創業十五年之久，因為這場天災，改變了整個人生。九年來，我看到的是一個不改初衷、真誠良善、不屈不撓的蔡松諭，這也是我依舊在的一大原因，我願意幫助一位不怨天尤人，積極尋找重新出發機會的「平民英雄」。

「姐！我想再拚最後一次，為自己當初堅持蓋回小林村的理想再試一次，就從這本書開始吧，如果能順利在十週年前出版的話，那我就再用力再拚一次！」松諭像是對自己承諾般地跟我說著。可能是寫書時想到了二齒伯小林包子的味道，這味道成為他的一大動力，而且又幸運地巧遇了二十年前就搬到外地的小林包子傳人，現今，他要努力把已失傳的小林包子給包回來。

「你回來了！」松諭那天在村裡，遇到幾位還留在村裡的同輩對松諭說：「太好了！你回來了！」兩人握了一下拳頭，一切盡在不言中。

我的許願還沒成真，沒關係繼續做就是了；我已在規畫小林包子的課程，計畫把小林媽媽全部培訓起來，希望不久的將來，能讓大家吃到以無比愛心、用心做出來的小林包子喔！

本書截稿後，接到松諭電話說，第三胎應該是個兒子。想像中，將來他帶個小蔡松諭，那一定也很酷。

小林紀念公園碑文

走過風雨 迎向陽光

蔡松諭 著

大風起兮，家園一夕崩壞，悲！
驟雨紛飛，至親飄然遠去，慟！

那孕育我們的故鄉，就在這片山腳下，
悄然無蹤。
那同享天倫的親人，也在這片山腳下，
音聲絕跡。

民國九十八年八月九日清晨六時一刻，
轟一聲巨響劃破天際，

瞬間烏雲蔽日，宛如黑夜，
滾滾石流如千軍萬馬般迎面襲來，
剎那間，至親摯愛已經驟然離去。

來不及說出的愛，
來不及給的擁抱，
只能遙寄夢境。

夜深寂、人孤獨，
難忘懷，那，
親友的歡笑聲、
故鄉的老磚瓦、
還有熟悉小林味。

蒼天何忍，降此大災於小林？
至親何辜？受此劇痛於凡間。
永遠無解的答案。

只求四方神佛指引極樂世界之路，
帶領吾人至親摯愛一路好走，
到那處無病無痛，無憂無慮的淨土之境。

風雨過後，陽光就在身後。

請，給予我們力量，重建家園！
請，賜予我們智慧，延續小林。
讓大滿族的祭典與儀禮傳唱百代，
讓大滿族的精神與後裔散葉開枝，
留在這片土地的愛啊！就請安息吧！
無牽無掛的安息吧！
我們定當謹記您的愛與教誨，
感謝這片土地曾給我們的養分與食物，
不會記恨，沒有怨懟，
用愛與寬容接受這一切的磨難。
謹記造物者給世人的警惕，

讓您們的犧牲喚醒世人對大地的敬畏與尊重，
讓我們化風雨為甘霖，
以思念為鋤，拾愛為種子。
土地必當重新豐收，
小林精神必將綿延不輟，傳頌後世。
看！彩虹又出現在山的那頭了。

全體小林村遺孤泣立追思紀念碑　中華民國一〇一年一月十五日

小林村莫拉克颱風災後重建大事紀

2009 08/09

莫拉克颱風帶來創世紀豪雨，六點零九分獻肚山崩塌土石掩埋小林社區十至十八鄰，形成楠梓仙溪在小林村北側堰塞湖，數十分鐘後堰塞湖潰堤。小林全村滅村，罹難人數近五百人，僅四十四人逃過一劫。

2009 08/15

罹難者頭七法會。多位村民情緒失控，小林村自救會成立。

2009 08/19

馬總統首次探望小林村民，並於全體村民與全國民眾面前當場承諾：「任內一定完成小林村」！

2009 08/25

永久屋地點選擇第一次投票於龍鳳寺，投票結果五里埔七十三比杉林三十一票，因投票數未達半數且無預告期間，村民決議擇期重新投票。

2009 08/25

同日自救會會長率村民共10人前往監察院向監察院長王建煊陳情，王院長允諾會在二個月內就救災不力的部分調查清楚，以昭世人。

2009 09/10

第一階段小林災區之死亡及失蹤慰問金發放，統計共發放四百一十一人，發放金額合計為五億八百二十萬元。

2009 09/11

新任行政院長吳敦義訪視居住龍鳳寺小林村鄉親座談會議。吳院長允諾只要五里埔有超過五十戶及形成一定之經濟規模，部院將全力協助小林村一村兩地之遷村重建。

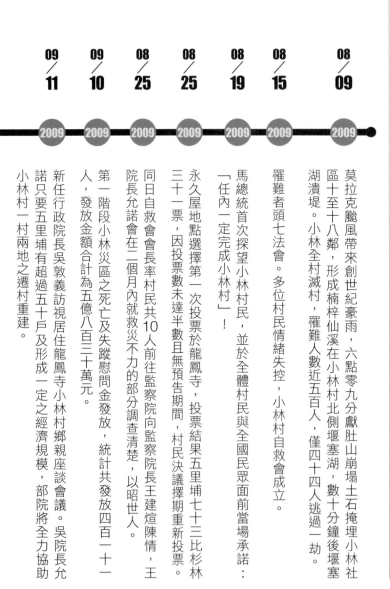

- **2009 09/12** 鴻海郭台銘董事長於甲仙鄉召開有機農業及小林村災後產業發展說明會。會中表示將興建小型加工廠及有機農場，呼籲小林村民返鄉於杉林重建，並優先提供小林村民就業機會。
- **2009 09/19** 小林村家祭。永久屋地點選擇第二次投票分為甲仙五里埔及杉林月眉農場，兩地均屬意由紅十字會援建，比例約為二比一（杉林：五里埔）均大於五十戶之興建門檻。
- **2009 09/20** 小林村公祭，馬總統親臨主祭，場面哀戚。（同日為九二一十週年紀念）
- **2009 10/11** 台灣八八水災小林村重建發展協會至高雄靜思堂，第一次與慈濟高層協商永久屋事宜。
- **2009 10/19** 入住杉林鄉月眉農場 2018 號地之組合屋共五十八戶。為政府之中期安置措施。
- **2009 10/31** 災後第一次小林平埔夜祭。不同於以往平埔西拉雅族大武壟社群歡樂的夜祭形式，改以緬懷太祖與追思族親。
- **2009 11/25** 與重災區原住民北上行政院陳情，小林村災民隨後並步行前往總統府陳情，同樣無正面回應。
- **2009 12/12** 小林國小復校專題研商會議，與會村民一百一十人全數通過小林國小復校小林村一案，請縣府重新審慎研議復校一案。
- **2010 02/02** 行政院公共工程會公布「那瑪夏、桃源鄉及小林村致災原因報告」，認為本次致災原因為超大豪雨所致，與「越域引水工程」無關。

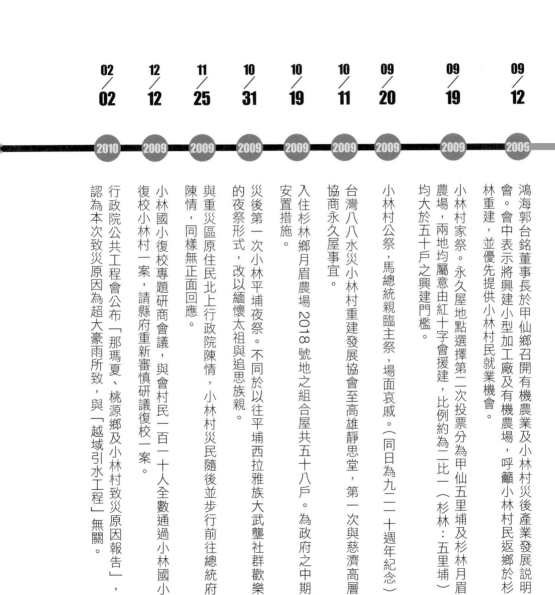

2010 02/11
慈濟杉林大愛園區舉行入厝典禮，席開三百桌。

2010 02/13
自救會於組合屋舉辦「小林人大圍爐」活動，席開六十桌，各地小林人均踴躍返回臨時組合屋基地共度災後第一個沒有家的過年。

2010 02/16
馬總統於初三致電小林自救會長，希望能於週年前圓滿解決僵局。

2010 03/16
小林一村五里埔基地正式動土，總共九十戶永久屋。

2010 03－06
自救會持續協助村民進行永久屋資格審議補正，與相關徵收補償程序。

2010 07/08
自救會代表前往花蓮慈濟展開和解之旅，期望在八八週年後開啟新的重建之路。

2010 08/05
原住民團體召開週年記者會，並宣示將於八八週年夜宿凱道抗議。

2010 08/08
馬總統再臨小林村臨時組合屋，會中宣布推動「小林二村」，嗣後行政院重建會立即調整各地區之重建政策與節奏，回歸災民自主重建原則，終於逐步化解週年前之對抗僵局，官民攜手重建家園。

2011 01/15
杉林小林二村（日光小林社區）舉行動土儀式。

2011 01/24
五里埔小林一村基地完工並舉辦入厝儀式。

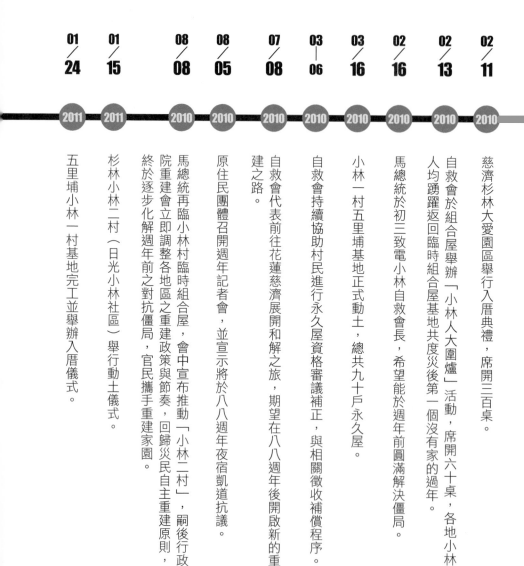

2011 08/06
自救會向高雄市政府提出國家賠償協調程序遭拒，最後共計一七六名當事人向高雄市政府提出國家賠償訴訟，展開漫長的國賠路。

2011 12/24
日光小林社區舉行落成儀式。

2012 02/25
日光小林社區舉行入厝儀式席開兩百五十五桌，並宣布災後已生回三十多名小林新生兒。此刻距災後約千日，小林村民終於全數獲得安頓。

2014 04/25
小林村國家賠償訴訟一審宣判敗訴，一百三十八位當事人不服提出上訴到高等法院。

2014 08/08
行政院莫拉克重建委員會五週年期間屆滿，正式解散本特別組織。

2016 08/11
小林村國家賠償訴訟二審再敗訴，全數當事人決定再提出上訴。

2016 11/02
自救會率數十位村民北上最高法院，召開記者會陳情。

2017 06/07
最高法院再度判決小林村一百二十三人敗訴，但其餘十五人屬「土石流潛勢溪保全戶」發回高等法院更審，其餘當事人敗訴判決定讞。

2019 03/27
高雄高等法院宣判保全戶十五人勝訴，這是七年半來第一個真正的勝訴判決。

2019 04/05
高雄市長韓國瑜宣布高雄市政府放棄上訴，小林村國賠訴訟歷經七年八個月的時間終告全案定讞。

2019 08/08
八八風災屆滿十週年。

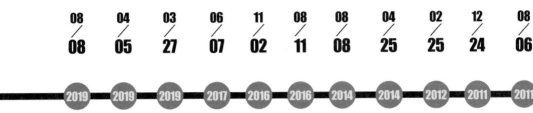

小林村的這些人那些事

不能被遺忘的美好村落

作　者　蔡松諭
編　輯　徐詩淵
校　對　徐詩淵、吳雅芳、蔡松諭
封面插畫　曹文甄
美術設計　劉錦堂

發行人　程顯灝
總編輯　呂增娣
主　編　徐詩淵
編　輯　鍾宜芳、吳雅芳
　　　　陳思巧、黃匀薔
美術主編　劉錦堂
美術編輯　吳靖玟、劉庭安
行銷總監　呂增慧
資深行銷　謝儀方、吳孟蓉
發行部　侯莉莉
財務部　許麗娟、陳美齡
印　務　許丁財
出版者　四塊玉文創有限公司

總代理　三友圖書有限公司
地　址　106台北市安和路二段二一三號四樓
電　話　（02）2377-4155
傳　真　（02）2377-4355
E-mail　service@sanyau.com.tw
郵政劃撥　05844889 三友圖書有限公司

總經銷　大和書報圖書股份有限公司
地　址　新北市新莊區五工五路2號
電　話　（02）8990-2588
傳　真　（02）2299-7900

製版印刷　卡樂彩色製版印刷有限公司

初　版　二〇一九年八月
定　價　新台幣三五〇元
ＩＳＢＮ　978-957-8587-84-7（平裝）

國家圖書館出版品預行編目(CIP)資料

小林村的這些人那些事：不能被遺忘的美好村落 / 蔡松諭著. -- 初版. -- 臺北市：四塊玉文創, 2019.08

面；　公分

ISBN 978-957-8587-84-7(平裝)
1.災後重建 2.水災 3.風災 4.高雄市甲仙區小林里

548.314　　108010851

SAN YAU
http://www.ju-zi.com.tw
三友圖書
友直 友諒 友多聞

廣　告　回　函
台北郵局登記證
台北廣字第2780 號

地址：　　　　縣/市　　　　鄉/鎮/市/區　　　　路/街

段　　　巷　　　弄　　　號　　　樓

SANYAU

三友圖書有限公司 收

SANYAU PUBLISHING CO., LTD.

106　台北市安和路2段213號4樓

SANYAU
三友圖書
讀書俱樂部

「填妥本回函，寄回本社」，即可免費獲得好好刊。

粉絲招募歡迎加入

臉書／痞客邦搜尋
「四塊玉文創／橘子文化／食為天文創
三友圖書－微胖男女編輯社」
加入將優先得到出版社提供的
相關優惠、新書活動等好康訊息。

四塊玉文創×橘子文化×食為天文創×旗林文化
http://www.ju-zi.com.tw
https://www.facebook.com/comehomelife

【黏貼處】對折後寄回，謝謝。

親愛的讀者：

感謝您購買《小林村的這些人那些事：不能被遺忘的美好村落》一書，為感謝您對本書的支持與愛護，只要填妥本回函，並寄回本社，即可成為三友圖書會員，將定期提供新書資訊及各種優惠給您。

姓名＿＿＿＿＿＿＿＿ 出生年月日＿＿＿＿＿＿＿＿

電話＿＿＿＿＿＿＿＿ E-mail＿＿＿＿＿＿＿＿

通訊地址＿＿＿＿＿＿＿＿

臉書帳號＿＿＿＿＿＿＿＿

部落格名稱＿＿＿＿＿＿＿＿

1 年齡
□18歲以下 □19歲～25歲 □26歲～35歲 □36歲～45歲 □46歲～55歲
□56歲～65歲 □66歲～75歲 □76歲～85歲 □86歲以上

2 職業
□軍公教 □工 □商 □自由業 □服務業 □農林漁牧業 □家管 □學生
□其他＿＿＿＿＿＿＿＿

3 您從何處購得本書？
□博客來 □金石堂網書 □讀冊 □誠品網書 □其他＿＿＿＿＿＿＿＿
□實體書店＿＿＿＿＿＿＿＿

4 您從何處得知本書？
□博客來 □金石堂網書 □讀冊 □誠品網書 □其他
□實體書店＿＿＿＿ □FB（四塊玉文創/橘子文化/食為天文創/三友圖書-微胖男女編輯社）＿＿＿＿
□三友圖書電子報 □好好刊（雙月刊） □朋友推薦 □廣播媒體

5 您購買本書的因素有哪些？（可複選）
□作者 □內容 □圖片 □版面編排 □其他＿＿＿＿＿＿＿＿

6 您覺得本書的封面設計如何？
□非常滿意 □滿意 □普通 □很差 □其他＿＿＿＿＿＿＿＿

7 非常感謝您購買此書，您還對哪些主題有興趣？（可複選）
□中西食譜 □點心烘焙 □飲品類 □旅遊 □養生保健 □瘦身美妝 □手作 □寵物
□商業理財 □心靈療癒 □小說 □其他＿＿＿＿＿＿＿＿

8 您每個月的購書預算為多少金額？
□1,000元以下 □1,001～2,000元 □2,001～3,000元 □3,001～4,000元
□4,001～5,000元 □5,001元以上

9 若出版的書籍搭配贈品活動，您比較喜歡哪一類型的贈品？（可選2種）
□食品調味類 □鍋具類 □家電用品類 □書籍類 □生活用品類 □DIY手作類
□交通票券類 □展演活動票券類 □其他＿＿＿＿＿＿＿＿

10 您認為本書尚需改進之處？以及對我們的意見？

＿＿＿＿＿＿＿＿

感謝您的填寫，

您寶貴的建議是我們進步的動力！

【黏貼處】對折後寄回，謝謝。